*JOSEPH REINACH*

DÉPUTÉ

# Démagogues

*et*

# Socialistes

PARIS

LÉON CHAILLEY, ÉDITEUR

41, RUE DE RICHELIEU, 41

1896

Démagogues & Socialistes

# OUVRAGES DU MÊME AUTEUR

# DÉMAGOGUES ET SOCIALISTES

## LA BLOUSE

9 février 1894.

Je me suis laissé conter la conversation suivante, qui aurait eu lieu entre M. Thivrier et un député du Centre :

— Mon cher collègue, je voudrais vous poser une question indiscrète?

— Mais comment donc, reprend M. Thivrier avec un sourire.

— Eh bien, pourquoi portez-vous un veston?

— Un veston, vous voulez dire une blouse ?

— Mais non, c'est bien du veston que je veux parler. Je comprends votre blouse, je la comprends à merveille, elle ne me choque pas du tout ; j'emploie deux cents ouvriers dans mon usine, ce sont les plus braves gens du monde, et ils portent tous la blouse. Mais vous, mon cher collègue, vous portez toujours sous votre blouse, soit un veston, soit une redingote; et cela ne peut pas m'entrer dans l'idée. Il me paraît qu'il faut opter.

M. Thivrier s'éloigna, il n'était pas content.

Nous avons ainsi à la Chambre, et même ailleurs, nombre de gens qui mangent, pensent, boivent, sentent et vivent comme des bourgeois, et même comme des bourgeois réactionnaires, qui ont pignon sur rue et placent savamment leurs fonds en bonnes obligations ou en non moins bonnes hypothèques, qui traitent leurs fournisseurs comme des croquants et leurs domestiques comme des nègres, qui se sont mariés à l'église et font élever leurs filles dans un couvent; mais qui, du jour où la période électorale est ouverte et chaque fois qu'il s'agit de manifester en public, sous l'œil des comités, tonnent contre le régime capitaliste, exproprient sans indemnité les sociétés minières, mettent la main sur les chemins de fer, se voilent la face devant le privilège de la Banque, mais maintiennent celui des bouilleurs de cru, déchirent en morceaux le Concordat, abolissent le budget des cultes, enlèvent son traitement au clergé, laïcisent les hôpitaux, revisent la Constitution, suppriment le Sénat et la présidence de la République, fraternisent avec ceux qui crient « Vive la Commune », font risette aux collectivistes et ne laissent rien subsister d'une société pourrie, d'un Code suranné et de l'œuvre démodée de la Révolution. Ces gens-là, dont beaucoup ne sont pas méchants, font comme M. Thivrier : ils portent une blouse sur leur redingote. La blouse, c'est pour les électeurs ; la redingote, c'est pour le reste du monde.

Il n'est peut-être pas inutile d'aviser les électeurs, pour qu'ils y regardent de plus près, qu'il y a toujours un veston, une redingote ou même un *smoking* sous certaines blouses.

Quand le radicalisme bourgeois en est à cette attitude et à ces complaisances, à quelles surenchères les socialistes eux-mêmes pousseront-ils la marchandise électorale ?

Il n'y a pas de revendications politiques ou sociales dont un esprit libre ne puisse admettre la libre discussion. Toutes les opinions ont le droit, bien plus, le devoir de se produire, mais à une condition : c'est d'être sincères. Or, voici qui n'est pas seulement exaspérant, mais profondément attristant et grave peut-être de terribles conséquences : de toutes parts, et plus que jamais, la démocratie est sollicitée par des hommes qui, sachant à merveille à quoi s'en tenir sur la réalité des choses, font concevoir des espérances qui seront nécessairement des illusions. Et, certes, je ne pense pas et je ne dis point que tout soit pour le mieux dans le meilleur des mondes ; je vois partout des souffrances et des misères — et partout où il

y a des misères et des soufffances, il faut chercher
de toute son âme à y porter remède. Mais quand
on connaît le peuple, ne fût-ce que pour avoir
demandé son suffrage, quand on sait par expérience
ce qu'il y a au fond de ces cœurs simples, non seulement de patience et de courage, mais de loyauté
et de foi, il est permis d'écrire qu'il n'y a point de
crime politique plus détestable que d'abuser de
cette crédulité dans un intérêt personnel et
d'orienter la caravane vers des oasis qu'on sait
n'être que des mirages.

C'est ce qu'ont fait trop souvent les partis politiques ; le socialisme suit l'exemple de ses aînés
et les dépasse — et voilà pourquoi, à cette heure,
le socialisme, c'est l'ennemi.

Il est l'ennemi, non pas parce qu'il pense que la
société actuelle est défectueuse : qui a jamais dit
qu'elle fût parfaite et, pour n'indiquer au passage
qu'un seul problème, est-ce que l'assistance publique, dans un pays comme le nôtre et sous un
régime qui est la République, est vraiment ce
qu'elle devrait être ? On entend sans cesse porter à
la tribune les revendications des ouvriers et quelques-unes de ces revendications sont légitimes.
Mais qui vient parler aux Chambres de ce monde immense de la pauvreté et de la misère, de ces milliers d'enfants abandonnés, de ces milliers de
femmes et de vieillards sans asile et sans pain ? Et

si l'on vient parler plus souvent de certaines catégories d'ouvriers et réclamer en leur faveur des
mesures qui n'ont de réformes que l'apparence et
qui compromettraient quelques-unes des conquêtes
les plus précieuses et les plus glorieuses de la
Révolution, serait-ce d'aventure que ceux qui
souffrent le plus et qui sont le plus malheureux
n'ont ni le temps ni le moyen de jouer un rôle dans
les batailles électorales? Je ne veux pas le prétendre, mais cependant, sauf au conseil de l'Assistance publique, voilà des années que je n'ai point
entendu discuter ces cruels problèmes avec la sym-
pathie passionnée qu'ils méritent — et c'est là,
pourtant, qui voudrait le contester? qu'il faut porter les premiers remèdes.

Non, si le socialisme est l'ennemi, ce n'est point
parce qu'il trouve à redire à l'ordre actuel des
choses ; mais c'est qu'il est une machine de révolte
et de haine et qu'il est beaucoup plus occupé à
exciter des colères, qui souvent sont factices, qu'à
soulager des misères qui ne sont que trop réelles et
trop profondes. Sauf quelques rêveurs, il est essentiellement politique. Pour peu que vous pressiez
de questions précises même les grands maîtres du
collectivisme sur l'amélioration qui résulterait
pour les travailleurs, soit de la nationalisation des
chemins de fer, soit de celle des mines, ils se dé-.
robent piteusement. Et, en effet, salariés dans le

système actuel, fonctionnaires dans le système de Karl Marx, en quoi les ouvriers seront-ils plus heureux? En quoi le labeur des mineurs sera-t-il moins pénible? En quoi celui des mécaniciens et des chauffeurs sera-t-il plus rémunérateur? La prétendue nationalisation n'est donc pas seulement une sottise, mais un mensonge et une duperie. Mais ce que les chefs du socialisme convoitent et poursuivent avec une ardeur qu'ils cherchent à peine à dissimuler, c'est le pouvoir; politiciens et parlementaires dans les moelles, ce n'est pas la conquête du pain, selon la formule de Kropotkine, qu'ils ont entreprise, c'est la conquête du mandat; il n'y a point de chimère folle ni d'utopie saugrenue à laquelle ils ne soient prêts à souscrire, que dis-je? à donner la volée, pour emporter un siège de député et pour s'y maintenir; et c'est ainsi qu'ils mettent tous une blouse sur leur redingote. Le double vêtement de M. Thivrier est un symbole.

La démocratie n'a pas d'ennemis plus dangereux que ces démagogues, leurs complaisants et leurs complices. Ceux qui ont vraiment au cœur la pitié humaine n'en jouent point et n'en trafiquent pas, en quête d'un mandat ou d'un portefeuille. Ils surveillent au contraire leurs moindres paroles avec une pudeur jalouse. Ils se reprocheraient comme une mauvaise action d'avoir fait naître au cœur d'un seul malheureux un rêve dont la réalisation

serait impossible et d'avoir montré à l'horizon une
terre promise qu'ils sauraient inaccessible. Cette
mauvaise action, hélas ! on la commet tous les
jours. On sème le vent et pourtant ce n'est pas
seulement la société issue de la Révolution qu'em-
porterait la tempête, c'est la France elle-même.

# LES MOYEN-AGEUX

23 février 1894.

Ils sont, à la Chambre, deux ou trois douzaines
de députés qui ne peuvent parler cinq minutes, à la
tribune ou dans les couloirs, sans s'écrier, avec le
visible regret que le mot ne comprenne point de *R*
à rouler comme des tonnerres : « Nous autres socialistes ». Quand ils se sont proclamés ainsi socialistes, tout est dit, alors cependant que ce mot, de
l'aveu même de ceux qui l'ont inventé, désigne seulement quiconque s'occupe de réformes sociales,
et que, par conséquent, il n'en est pas, dans la
langue politique, de plus vague, de plus équivoque
et de plus obscur. Si ces messieurs avaient le
moindre souci de la précision des expressions, laquelle a pour objet d'éveiller des idées claires et
nettes, ce n'est pas ainsi qu'ils se désigneraient. Ils
diraient tout simplement, comme ce héros de Ponson
du Terrail, chaque fois qu'ils parleraient d'eux-
mêmes : « Nous autres hommes du moyen âge ! » Et
cela serait franc et loyal, cela dirait exactement ce
qu'il faut dire et tout le monde comprendrait.

C'est qu'en effet le trait commun à tous ces

grands réformateurs est là, et que leur conception
de la société nouvelle dont ils sont les apôtres,
de ses lois, de ses coutumes et de ses mœurs, est
tout simplement la réédition du moyen âge. On
a prétendu plaisamment qu'un protectionniste
ne peut se regarder dans la glace sans voir
apparaître l'image d'un socialiste. Mais qu'un dis-
ciple de Karl Marx fasse la même expérience, et
le miroir lui renverra aussitôt, trait pour trait,
l'image d'un homme du quatorzième siècle. Ces
rhéteurs, qui ne brillent pas précisément par la modestie, n'arrêtent pas de proclamer que seuls, ils
veulent sincèrement aller de l'avant et que, seuls,
ils peuvent conduire le peuple vers les horizons
nouveaux. En vérité, ils n'entendent pas autrement
le progrès que cette autre petite bête rouge qui
s'appelle l'écrevisse. Examinez leurs programmes,
et point n'est besoin d'y employer la loupe : le seul
résultat possible de leurs prétendues réformes
serait le plus énorme recul de la société humaine
dans les ténèbres et la nuit. Depuis la chute de
l'empire romain sous les invasions des barbares,
la cause de la liberté, qui est celle de la civilisation,
n'aurait point subi de pareil désastre.

La liberté du travail n'est pas seulement la conquête la plus précieuse de la Révolution ; elle en
est la pierre angulaire : détruisez-la, et tout le
monument s'écroule. Or, quel est l'article pre-

1.

mier du credo collectiviste? « La liberté du travail,
écrit textuellement M. Benoît Malon, c'est une
légende. Ce qu'il faut, c'est le travail socialement
organisé, s'effectuant sous le haut contrôle, soit
de l'État, soit de la commune. » Et j'entends
bien que les collectivistes à galons et à boutons de
cristal se fâchent très fort quand on les assimile
aux pauvres communistes ; M. Lafargue, pourtant,
avoue quelque part avec assez d'esprit et encore
plus de franchise, que « le collectivisme n'est
qu'une contrefaçon belge du communisme ». Mais,
laissant de côté cette querelle d'école, si je consi-
dère en elle-même la théorie de M. Malon et de ses
amis, comment n'y pas reconnaître, dans ce qu'il
a eu de plus sombre et de plus pesant, cet affreux
passé qui s'appelle le moyen âge ? Les doctrinaires
sincères, d'ailleurs, ne s'en cachent point. Nos collectivistes français, ce qui parfois me fait douter de
leurs convictions, sont passés maîtres dans l'art de
se déguiser et de se grimer. Mais, écoutez le loyal
Schœfflé, qui s'en va, lui, à visage découvert vers
le quatorzième siècle : « Quand l'organisation uni-
taire du travail sera devenue une réalité, écrit-il,
ce sera justement l'État socialiste qui possédera, à
un plus haut degré, ce solide engrenage organique
qui a été le propre du moyen âge. » Libre évidemment à nos « saint Pierre » de renier Schœfflé comme
ils ont renié l'autre jour Henry George, avant que

le coq Léon Say eût chanté trois fois. Mais l'aveu de Schœfflé n'en restera pas moins et il n'est pas défendu d'en prendre acte.

On a déjà fait observer que les syndicats professionnels , si le gouvernement pouvait avoir la coupable faiblesse de laisser opérer impunément les meneurs collectivistes, ne tarderaient pas à redevenir purement et simplement ces corporations, maîtrises et jurandes que Turgot avait voulu supprimer, ce qui eût peut-être sauvé la Monarchie, et que l'Assemblée nationale abolit dans la nuit immortelle du 4 Août. Ce que l'on ne sait pas assez, c'est que la suppression des corporations n'eut pas alors d'adversaire plus violent et plus furieux que Marat. Relisez ses articles de l'époque; vous croyez lire le *Parti ouvrier* ou la *Revue libertaire* d'aujourd'hui. Le trait d'union entre le collectivisme moderne et le moyen âge, c'est Marat.

Les collectivistes sont tellement dominés par l'esprit du moyen âge qu'ils ne se contentent pas de proposer son « engrenage organique » comme un idéal, mais qu'ils ont encore épousé toutes les haines, féroces ou bêtes, d'un âge qu'on croyait à jamais disparu. La Révolution a supprimé des classes : ils les ressuscitent et ils s'en vantent. La Révolution a proclamé la liberté de conscience : mon ancien collaborateur Jaurès — car la *République française* a été sa première étape au sortir du Centre gauche — flirte avec l'antisémitisme et recherche, lui philosophe de métier, ses applaudissements. Le moyen âge tenait toutes les inventions scientifiques, industrielles ou autres, pour des œuvres du démon et brûlait les inventeurs comme sorciers ; les collectivistes ne font pas encore des autodafés d'ingénieurs et de mécaniciens — ils se contentent de glorifier les incendiaires et autres assassins de la Commune — mais ils ont déclaré au machinisme une guerre sans merci, et cette machine, dont Proudhon disait magnifiquement qu'elle est le symbole de la liberté humaine, l'insigne de notre domination sur la nature et l'attribut même de notre puissance, ils la brûleraient volontiers en place de Grève. L'esprit de la Révolution est clair, vif, lumineux ; les collectivistes plongent, comme dans leur élément naturel, dans le mysticisme le plus opaque des millénaires, des gnostiques et des taborites. Et comment, en effet, désavoueraient-ils l'anarchie — car, ce n'est pas la désavouer que d'écrire, comme fait M. Millerand, qu'il ne fait point de différence entre Ravachol, Vaillant et Henry, d'une part, et ceux qui veulent tuer le progrès, lisez : M. Casimir-Perier et M. Raynal — comment désavoueraient-ils l'anarchie quand c'est le même rêve qui hante leurs cerveaux de forcenés, celui de la Cité éternelle dont l'obsession a déchaîné déjà, l'histoire se recommençant sans cesse, toutes les épidémies de folie du moyen âge?

Il faut donc en prendre son parti. La bataille que nous avons engagée, que nous livrerons jusqu'au bout, coûte que coûte, et que nous gagnerons, ce n'est pas contre l'Avenir, c'est contre le Passé. Nous connaissons, dans ses moindres détails, tout le lourd despotisme et toute l'épaisse stupidité de ce passé. Il veut ressusciter, ce Lazare mal endormi, qu'on croyait mort et qui n'était que tombé en léthargie. Le moyen âge essaye de lever la pierre du tombeau qu'avait scellée la Révolution. Eh bien, s'il est des morts qu'il faut qu'on tue, nous tuerons celui-là. La guerre est déclarée entre la Révolution et le moyen âge ; ce n'est pas la civilisation qui succombera.

# LES REVERS DE L'IDYLLE

9 mars 1894.

Il ne faut jamais dire de ses adversaires qu'ils
ont deux visages, car ce serait suspecter leur bonne
foi, mais il est permis, quand cela peut se démontrer, de se plaindre qu'ils aient deux langages.
Écoutez les députés socialistes parler, devant un
auditoire bourgeois, du Paradis qui doit succéder
sous peu à l'infâme société qui est issue de la
Révolution. Leur évocation ressemble à une idylle.
A travers les belles phrases de M. Jaurès, qui, parfois, sentent un peu l'huile, mais où chante la mu-
sique des mots de justice et de paix, on aperçoit,
comme dans les fables de Fénelon, des paysages
riants où les ruisseaux sont de miel et les moindres collines de massepain. Un cœur de roche en
serait attendri. Mais il n'y a pas que des âmes sen-
sibles ; il y a aussi des esprits curieux. Ceux-ci ne
croient plus beaucoup à la rhétorique ; ils tiennent
à savoir ce qu'il y a au fond de la doctrine collectiviste telle qu'on l'expose, non pas devant les
bourgeois, mais dans les cercles ouvriers.

Il est parfaitement exact que, tenant à m'instruire,

j'ai demandé, l'autre jour, à M. Jules Guesde la liste de ses ouvrages. M. Jules Guesde, comme il l'a raconté lui-même, s'est empressé de me remettre cette liste et, avec elle, deux de ses brochures. Il ne m'en voudra pas de lui prouver, avec quelques citations à l'appui, que j'ai lu avec attention l'opuscule qui est intitulé le *Programme du parti ouvrier*, qui est orné de son portrait et qui a paru à Lille, à l'imprimerie de la rue de Béthune, il y a bientôt dix ans (1).

Cette petite brochure est tout simplement l'Évangile, si j'ose m'exprimer ainsi, du collectivisme. Elle contient le programme qui a été élaboré en conformité des décisions du congrès *national* tenu à Marseille en 1879, adopté au congrès de Paris, confirmé par le congrès du Havre, ratifié par celui de Roubaix, maintenu, en vigueur par celui de Reims et complété par celui de Roanne. M. Jules Guesde, en collaboration avec M. Lafargue, en a rédigé le commentaire.

M. Jules Guesde commence par exposer que « la propriété individuelle de la terre et de ses fruits est de date relativement récente et que, soumise, sous le régime féodal, à des redevances de toute nature,

----

(1) Depuis la publication de cet article, plusieurs de ces citations ont été portées à la tribune de la Chambre et très éloquemment commentées par M. Paul Deschanel; M. Guesde n'en a rien contesté.

elle n'a revêtu en France son caractère absolu ou bourgeois qu'avec la Révolution de 1789 ». (Page 6.) C'est cette propriété qu'il s'agit de supprimer, et le moyen de la supprimer, c'est la Révolution. « Une RÉVOLUTION seule, écrit l'auteur, permettra à la classe productive de s'emparer du pouvoir politique et de le faire servir à l'expropriation économique et à la nationalisation ou socialisation des forces productives. » (P. 25.)

A la vérité, la Révolution ne résoudra pas la question sociale en cinq minutes; mais, si elle doit comprendre deux actes, c'est seulement pour nous mieux manger. M. Guesde s'en explique sans ambages : « Afin d'éviter toute fausse interprétation, écrit-il, nous devons faire remarquer que, le lendemain de la révolution ouvrière, il ne sera possible d'exproprier *que* les possesseurs de moyens de production d'un usage collectif, tels que grands propriétaires fonciers, maîtres d'usines, de hauts fourneaux, actionnaires et obligataires de banques, de chemins de fer, de mines et paquebots, etc. » (Page 25.)

Tous ces malfaiteurs et tous ces etc. une fois dévorés, la révolution sociale s'arrêtera pendant quelques instants pour digérer; sa digestion faite, elle espère alors convaincre les paysans, « par l'exemple » ; elle compte qu'ils reconnaîtront d'eux-mêmes « la supériorité de la production collective sur la production individuelle ». (P. 25.)

M. Guesde, dans ce scénario d'ailleurs ingénieux, ne dit point avec quoi il compte indemniser « les possesseurs de moyens de production d'un usage collectif »; mais cela n'est évidemment qu'un détail et « exproprier » n'est visiblement ici qu'un synonyme. Comme il me déplairait de passer pour un naïf, j'ose croire que les expropriés ne recevraient pas un centime d'indemnité, et j'ajoute que la société qui se serait laissé faire ne mériterait pas d'autre traitement.

La socialisation des forces productives une fois accomplie à la suite de quelque bonne « complication internationale » (p. 25), que fera le gouvernement de M. Guesde ? M. Thiers avait coutume de dire que les finances et l'armée doivent être les deux préoccupations constantes d'un homme d'État. M. Jules Guesde est un homme d'État; voici comment il procède.

En ce qui concerne les finances, rien de plus simple.

D'abord, comme, « depuis près d'un siècle, au mépris de l'article du Code qui punit les tromperies sur la qualité de la marchandise vendue, la gent porte-soutane a escroqué à la confiance publique près d'un milliard » (p. 37), la Cité nouvelle commence par s'en emparer. « C'est ce milliard, converti en immeubles ou placé dans les banques, sur lequel il faut mettre la main, qu'il faut restituer à la nation, comme l'avait décrété la Commune de Paris, le 2 avril 1871. » (P. 38.)

Mais un milliard, même clérical, ne saurait être qu'un apéritif ; le plat de résistance, c'est la Rente, qui est « ce qui tient le plus au cœur à la classe capitaliste » (p. 39) et dont les origines sont, paraît-il, à la fois « frauduleuses et infamantes ». (P. 41.)

Le commentateur de l'Évangile collectiviste n'éprouve aucun scrupule : « La Dette publique, dit-il, cette liste civile et bourgeoise, n'est ni à convertir ni à amortir, *mais à supprimer.* Ainsi le veut, non seulement l'intérêt de l'immense majorité de la nation, qui ne possède aucune inscription sur le Grand-Livre et fait cependant tous les frais du Grand-Livre, mais l'intérêt même des petits porteurs de Rente qui, pour le service de la Dette, donnent plus à l'État comme contribuables qu'ils ne reçoivent comme rentiers. » (P. 42.) Enfin, les diverses dettes municipales sont également supprimées, celle de Paris, notamment, « parce qu'elle a été surtout contractée pour embellir et haussmanniser la capitale ». (P. 42.)

Les bourgeois, dans leur langage, appellent ces sortes d'opérations « des banqueroutes » ; il faudra reviser le dictionnaire.

Le Grand-Livre brûlé en place de Grève, les mines, les chemins de fer et les banques confisquées,

que reste-t-il de la fortune publique? Encore trop,
paraît-il, puisque M. Guesde propose, en outre
(p. 63) les trois mesures suivantes :

1° Transformation des impôts directs en un impôt
progressif sur les revenus dépassant 3,000 francs;

2° Suppression de l'héritage en ligne collatérale;

3° Suppression de tout héritage en ligne directe
dépassant 20,000 francs.

La question financière ainsi réglée, reste la
question militaire. Elle est encore plus simple.
M. Jules Guesde abolit l'armée. Pour assurer la
défense de la société nouvelle, il suffira « que l'instruction militaire complète l'instruction scientifique et professionnelle assurée socialement à la
totalité des enfants, et que le fusil, mis dans l'école
entre les mains de tous, reste au sortir de l'école
entre les mains de chacun ». (P. 46.) Je continue à
citer textuellement : « *L'armée*, dit M. Guesde,
*surtout en France, ne regarde pas vers la frontière,
mais vers l'atelier. C'est contre la classe ouvrière
qu'elle est tournée et qu'elle fait merveille, n'ayant
de national que le sang dans lequel elle s'est baignée
à Lyon, à la Ricamarie, à Paris,* partout où le prolétariat s'est affirmé par la 'grève ou par le fusil.
Son seul but, son unique raison d'être, c'est la
défense de la bourgeoisie capitaliste et dirigeante,
depuis que cette dernière a renoncé à se défendre
elle-même sous forme de garde nationale. » (P. 44.)

Tout commentaire affaiblirait cette citation. Après avoir écrit de l'armée française qu'elle n'a de national que le sang dans lequel elle s'est baignée, qu'importe vraiment que M. Guesde flétrisse et dénonce, une fois de plus, « les patrons qui mangent *avec leurs prostituées légitimes* ou illégitimes, leurs domestiques, leurs chiens et leurs chevaux », des capitaux inutiles ? (P. 57.) Ces prostituées légitimes, ô bourgeois ! ce ne sont que vos femmes, vos mères, vos sœurs et vos filles !

M. Jules Guesde doit être convaincu maintenant que je l'ai lu avec soin et que je ne parle point des choses du socialisme sans les connaître.

« Ne jasez pas trop sur l'essence du socialisme, disait un jour M. Bebel, il ne faut pas inquiéter outre mesure les philistins. »

M. Guesde a jasé : les philistins sont-ils prévenus ?

# RÉFORME PRATIQUE

23 mars 1894.

La « lyre », pour parler comme M. Jaurès, qui a éclaté l'autre jour à la Madeleine (1), a fait réfléchir pas mal de gens. Les compagnons d'abord : tant que les bombes, destinées aux capitalistes et autres oppresseurs, n'atteignaient que des ouvriers et de pauvres femmes, c'était fort bien ; du moment que les marmites chargées de poudre verte et bourrées de clous se retournent contre leurs auteurs, ce n'est plus de jeu. — M. Homais ensuite, notre vieil ami, a eu le premier mouvement de scepticisme de sa vie ; comme les Tatars-Mogols croient aveuglément aux moindres paroles de leur Grand-Lama, comme tant d'autres idolâtres prennent à la lettre les révélations de leurs prétendus livres saints, M. Homais jurait jusqu'à présent sur l'Évangile d'Eugène Sue qu'il y a un jésuite dans tout ce qui se fait de mal de par le monde ; la conviction que les anarchistes sont payés par les curés était entrée

(1) Attentat Pauwells; la bombe, en éclatant dès le seuil de l'église, avait tué l'anarchiste qui s'apprêtait à la déposer dans la nef.

profondément dans son âme. Or, aujourd'hui, il lui
paraît assez difficile d'admettre que ce soit le curé
de la Madeleine qui ait subventionné le dernier ami
de Paul Reclus. — Enfin, nous autres, affreux
républicains libéraux et non moins odieux oppor-
tunistes, qui sommes, comme on sait, les ennemis-
nés de toutes les réformes, nous avons pensé que
le moment est venu de centraliser dans une seule
main les services de la Sûreté générale et de la
préfecture de police.

On ne louera jamais assez le courage de nos agents
de police, leur zèle infatigable et leur ardeur; ils
se sont surpassés depuis les débuts de la crise anarchiste; et je rappellerai seulement, sur ce point, la
requête que j'adressais à l'Académie voilà bientôt
dix ans. — Il n'y a pas de dortoirs au Collège de
France; mais il y a des lits-cartons pour les idées
ailleurs encore qu'à la Chambre des députés ! —
Dans une étude sur le service de la Sûreté, j'avais
imprimé ces lignes réactionnaires : « L'Académie a
pris l'habitude de décerner plus de la moitié de ses
prix Montyon à d'anciens domestiques, serviteurs
zélés et pieux dont nous ne voulons pas assurément
diminuer le mérite; ne serait-il pas d'un bon
exemple que l'illustre Compagnie, à la prochaine
occasion, accordât l'un de ces prix à un gardien de
la paix que la préfecture lui désignerait sans peine
et dont les titres, solennellement proclamés, n'ap-

paraîtraient point comme les plus médiocres? »
Émile Augier, toujours prêt à s'employer au succès
des bonnes causes, m'écrivit aussitôt qu'il abondait
dans mon sens : « Notre pauvre société, me disait-il,
n'est plus maintenue que par la police et l'administration ; tout ce qui affaiblit ces deux institutions
est funeste, tout ce qui tend à les raffermir est
salutaire. Le livre dont vous rendez compte (1) est
mauvais à ce double point de vue ; votre appel à
l'Académie sera entendu, je n'en doute pas ; les prix
Montyon ne sauraient avoir de destination plus
utile et plus conforme à l'esprit de leur fondateur.
Mais l'Académie ne peut pas découvrir les actes de
dévouement et de courage qu'elle doit récompenser ;
il faut qu'on les lui indique avec pièces à l'appui.
C'est affaire au public de la renseigner ; c'est par
cette voie que lui sont dénoncées toutes les belles
actions qu'elle couronne chaque année. Une fois
mise en mesure, je vous assure qu'elle encouragera
de grand cœur les braves gens dont vous vous
occupez si justement. » Cette lettre d'Augier est da-
tée du 6 janvier 1885, et, naturellement, après neuf
années écoulées, nous en sommes toujours au même
point. M. Alexandre Dumas qui a été si longtemps
le frère d'armes de l'auteur d'un *Homme de bien*, ne
pourrait-il reprendre en main cette juste cause?

(1) *La Police de Sûreté*, par M. Macé.

Donc, la police parisienne n'a pas cessé de faire tout son devoir, plus que son devoir. Mais il ne suffit pas d'avoir de braves soldats, il ne suffit pas qu'il soient bien encadrés, il ne suffit même pas qu'ils soient, comme ils le sont aujourd'hui, très bien commandés : il faut encore que l'organisation générale soit rationnelle, et il faut dire des institutions de la police ce que le duc d'Aumale disait autrefois des institutions militaires, c'est qu'elles seules, quand elles sont bien réglées, donnent le moyen de vaincre et qu'il n'y a pas de sécurité sans elles. Or, notre système actuel qui fait de la préfecture de police et de la sûreté générale deux services distincts, le premier pour Paris et quelques communes de Seine-et-Oise, le deuxième pour le reste de la France, ce système est simplement absurde. M. le ministre de l'intérieur, dont l'activité ne tarit pas, aura beau réunir deux ou trois fois par semaine dans son cabinet le préfet de police et le directeur de la sûreté, qui sont, tous deux, des fonctionnaires tout à fait distingués, quoi qu'il fasse, la dualité des services sera toujours plus forte que les circulaires les plus précises et les meilleures volontés. Tant que toute la police de France et de Navarre ne sera pas centralisée, tant que cette armée de l'ordre n'aura pas un seul chef, tant qu'une seule pensée ne la dirigera pas, la société sera mal gardée et les malfaiteurs les plus connus du service anthropométrique, comme le Pauwels de la Madeleine, échapperont toujours entre les mailles, se faisant un simple jeu de passer et de repasser sans cesse de Paris dans les départements et du domaine de la préfecture à celui de la sûreté. Notre système est celui du général Boum, qui partageait son armée en trois corps pour se rendre ainsi par trois chemins différents vers le point unique où il avait résolu de livrer bataille : « Où est-il ce point unique? je n'en sais rien. Mais ce que je sais bien, c'est que je battrai l'ennemi. » Avec notre police divisée en deux corps, nous ne savons pas mieux que le général Boum où est le point unique, nous ne battons pas davantage l'ennemi et il nous jette des bombes en nous échappant.

Je ne demande pas la création d'un ministère de la police. Quand le ministre de la police est un homme intelligent et résolu, le souverain est son prisonnier; Napoléon, qui n'était peut-être pas le premier venu, a fini par trouver que Fouché était trop fort pour lui. Mais quand il l'eut remplacé par Savary, il s'en est fallu de l'épaisseur d'un cheveu que le général Mallet ne devînt le maître de Paris et de l'empire pendant qu'il revisait à Moscou les statuts de la Comédie-Française. Le directeur général de la police, tel que je l'entrevois, ne doit pas faire partie du Parlement et doit rester le subordonné du ministre de l'intérieur ; mais il sera son bras droit et il aura la police tout entière sous ses ordres.

Pour que la police puisse être ainsi centralisée, il faut d'abord — parce qu'il faut toujours, quoi qu'en pensent les pontifes du radicalisme, commencer par le commencement — il faut d'abord rattacher au budget de l'État les dépenses de la police dans la ville de Paris. Il y a deux ou trois siècles, quand M. Waldeck-Rousseau faisait partie comme ministre de l'intérieur du cabinet Ferry, il avait préparé un excellent projet à cet effet. Reprise ensuite au Sénat par l'initiative de M. Léon Say et de M. Léon Renault, la proposition fut votée par la haute Assemblée le 8 novembre 1888, et transmise aussitôt à la Chambre des députés, qui l'oublia. Transmise une deuxième fois par M. Le Royer à la dernière législature, elle s'endormit de nouveau de 1889 à 1893, dans l'hypogée de je ne sais quelle commission. Une troisième fois, au mois de novembre dernier, M. Challemel-Lacour a adressé au président de la Chambre une expédition authentique de cette proposition, le priant de bien vouloir en saisir l'Assemblée qui siège au Palais-Bourbon. La laissera-t-on s'endormir une fois de plus dans le lit moelleux de nos cartons? M. Casimir-Perier ne voudra-t-il pas être l'heureux prince qui ira réveiller cette Belle au Bois-Dormant? L'initiative parlementaire est chose excellente, mais seulement pour donner le branle; l'histoire du ministère des colonies a prouvé hier encore, qu'elle ne devient efficace qu'en devenant gouvernementale.

Et j'entends bien d'avance les hauts cris du conseil municipal de Paris. Mais j'aurai l'audace grande de le renvoyer à Pascal, qui voulait qu'on appelât Paris, selon les cas, tantôt Paris et tantôt la capitale de la France. Quand il s'agit de la sécurité de la société et de la République, la Ville-Lumière doit se résigner à n'être que la capitale de la France. Elle doit subvenir, à titre de contribution obligatoire, parce qu'elle est la première à en profiter, aux dépenses générales de la police; mais la police doit redevenir ce qu'elle est essentiellement et naturellement, une affaire d'État.

Quand la police, concentrée sous une direction unique, se mettra en mouvement, les anarchistes et autres révolutionnaires, tout comme les alouettes de la fable, décamperont. Jusque-là, ils continueront à jouer de la lyre.

# LES BOULANGERS ET LA COMMUNE

6 avril 1894.

On a prêté à Karl Marx ce mot, qui n'est peut-être pas authentique, mais qui n'en est que plus judicieux : « Le socialisme sera collectiviste où il ne sera pas. »

Le collectivisme, en effet, est détestable, injuste, grossier, rétrograde et barbare ; les fils de la Révolution le repoussent comme la destruction des œuvres essentielles de Quatre-Vingt-Neuf ; les hommes de progrès le dénoncent comme la fin de toutes les initiatives fécondes ; les hommes de liberté répudient une tyrannie qui fait du citoyen le rouage aveugle d'une machine imbécile ; les artistes y voient la mort de l'art, et les savants la mort de la science. Mais le collectivisme, s'il mérite toutes ces colères, constitue du moins un ensemble de doctrines qui se tiennent ; il offre à ceux qu'il égare autre chose que des espérances niaises et que la viande creuse des formules ; il n'est pas un rêve qui se dissipe, avec les ténèbres nocturnes, au premier rayon du soleil qui se lève ; il est la réalité la plus redoutable qui ait été jetée depuis

un siècle au travers de la marche de l'humanité
vers la civilisation : on a le devoir de le haïr, on
n'a pas le droit de le mépriser. Au contraire, dès
qu'il répudie le collectivisme ou le communisme,
le socialisme n'est qu'un mot, une réclame électorale, un thème à déclamations de club où de salon,
un attrape-nigauds, une bêtise.

Combattre le socialisme, ce n'est pas, est-il besoin
de le dire une fois de plus? repousser les réformes
sociales, proclamer que tout est pour le mieux dans
le meilleur des mondes, nier qu'il n'y ait beaucoup
à faire dans l'ordre des questions ouvrières et
presque tout dans le vaste et douloureux domaine
de l'assistance publique. Quand ceux des républicains qui ont fait le plus depuis quinze ans pour
l'amélioration du sort des travailleurs, pour leur
émancipation intellectuelle et pour leur bien-être
matériel; quand ces hommes de sens et de cœur
refusent de se dire socialistes, ils protestent seulement que, ne pouvant pas croire à des panacées
universelles, ils ne sauraient s'abaisser à mentir
en faisant miroiter devant les yeux du peuple des
illusions mystiques qu'ils ne partagent pas. Pous-
sez, en effet, au pied du mur tous les prétendus
socialistes qui, pour une raison ou pour une autre,
désavouent le collectivisme ; forcez-les à descendre
du nuage des métaphores ; enjoignez-leur de
rédiger en textes de loi les chansons vagues dont

2.

ils bercent la crédulité humaine : l'expérience
aboutit régulièrement au plus lamentable aveu
d'impuissance.

Seuls, les collectivistes savent ce qu'ils veulent. Ce
qu'ils veulent est mauvais, mais c'est quelque chose.
Ce sont des barbares, ce ne sont pas des rhéteurs.
Il faut combattre les barbares, mais il suffit de
démasquer les rhéteurs. Les collectivistes marchent
sur la société avec des canons chargés jusqu'à la
gueule ; les socialistes simples n'ont dans leur sac
à parole que du vent.

L'histoire de la Commune de Paris en offre un
curieux exemple. Les collectivistes étaient en minorité infime dans cette assemblée ; conséquence : le
bilan socialiste du gouvernement qui régna pendant deux mois sur Paris, avant de l'incendier, est
égal à zéro. Quand on se donne la peine d'étudier
dans les textes l'histoire de cette époque, on se demande pourquoi M. Jules Guesde et ses amis
prennent encore pour cri de ralliement celui de :
« Vive la Commune ! » et célèbrent le Dix-Huit
Mars, comme l'une des fêtes du prolétariat. Je
vois clairement la folie et le crime, et la grande
circonstance atténuante de la fièvre obsidionale, et
l'atroce comédie des vieux comédiens révolutionnaires, plagiaires de la Convention et du Comité de
salut public ; je vois la pensée fédéraliste — le
crime de fédéralisme, comme disait Danton, — mais..

la pensée socialiste n'apparaît nulle part. Ceci
n'est pas un paradoxe : mais ce n'est pas seulement
parce qu'elle fit systématiquement litière de la
liberté de la presse, de la liberté de réunion, de la
liberté des cultes et de toutes les autres libertés, que
la Commune m'apparaît comme l'un des gouvernements les plus réactionnaires de ce siècle.

Comme ils avaient discuté à tort et à travers,
pendant plusieurs séances, sur toutes les matières
politiques imaginables, il arriva cependant un jour
où les bourgeois qui siégeaient à l'Hôtel de Ville
se souvinrent qu'ils avaient été élus comme socialistes. Leur règne, qu'ils pressentaient éphémère,
finirait-il sans qu'une grande mesure socialiste
l'ait illustré? Ils se prirent la tête entre les mains
et cherchèrent. Et, sans doute, les propositions
ne manquèrent pas ; mais elles étaient à peine
formulées en termes plus ou moins obscurs que
les objections abondaient de toutes parts. Ainsi
le citoyen Avrial propose-t-il que les instruments
de travail, meubles, objets de literie, etc., au-dessous de cinquante francs, puissent être retirés gra-
tuitement du Mont-de-Piété, aussitôt les citoyens
Lefrançais, Longuet, Langevin soulèvent contre le
projet de décret les considérations les plus sensées;
notamment le citoyen Jourde, délégué aux finances,
ne proteste pas autrement que ne l'eût fait M. Léon
Say ou M. Burdeau contre « l'impraticabilité »

d'abord, puis contre l'injustice de la proposition.
« Détruire le Mont-de-Piété, s'écrie-t-il, ce serait
porter atteinte à la propriété, ce que nous n'avons
jamais fait. Je ne crois pas qu'il soit sage, utile,
intelligent de procéder de la sorte. Rendre une
mesure violente sur un pareil sujet, ce serait commettre une injustice... », etc. (Séance du 28 avril
1871.) Bref, après avoir beaucoup hésité, tâtonné,
disputé, et même bataillé, l'assemblée finit par se
mettre d'accord sur un décret vraiment socialiste :
elle interdit le travail de nuit dans les boulan-
geries.

Et voilà qu'à peine le décret a-t-il paru au *Journal officiel*, une protestation générale, mêlée
d'amères ironies, éclate dans tout Paris. C'est
d'abord le journal le *Siècle* qui fait observer que la
mesure n'aura d'autre résultat que de léser les pauvres gens ; le riche, qui fait la grasse matinée, qui
ne prend son café au lait ou son chocolat que vers
huit ou neuf heures, aura toujours du pain frais ;
mais le travailleur, qui doit aller de bonne heure à
la fabrique, à l'usine ou au magasin, ne mangera
que du pain rassis. C'est les ouvriers boulangers
qui envoient des députations à l'Hôtel de Ville pour
demander à la Commune de ne pas se mêler de
leurs affaires, de leur permettre au moins de gagner
leur vie comme ils l'entendent ; les patrons se tai-
sent parce qu'ils ont peur : eux n'ont pas peur et ne

l'envoient pas diré au gouvernement. C'est les ména-
gères qui se fàchent et qui regrettent publiquement
le bon temps où Paris n'était pas libre. Donc la
Commune, dans sa séance du 28 avril, que préside
Jules Vallès, se voit forcée de remettre le décret
en délibération. Le citoyen Paschal Grousset, oppór-
tuniste avant la lettre, demande que le décret soit
prorogé de trois semaines. Le citoyen J.-B. Clément
dit que ce décret a été fait légèrement et que les boulangers sont acculés à une impossibilité dangereuse;
un économiste de profession, M. Paul Leroy-Beaulieu, ne parlerait pas plus sévèrement. Le citoyen
Viard, qui demande le rapport du décret, expose
que le gouvernement « n'a pas à intervenir dans
une question entre patrons et employés » ; M. Yves
Guyot ne fait pas autre chose, depuis six mois, dans
ses brillants et courageux articles, que de développer
cette théorie du citoyen Viard. Le citoyen Billioray
insiste dans le même sens : « Comment pouvez-vous
contrôler que les boulangers commencent à cinq
heures et qu'il ne s'en trouvera pas qui commencent à quatre heures? Laissons les ouvriers eux-
mêmes sauvegarder leurs intérêts auprès des
patrons! » M. Aynard ne dirait pas mieux. Le citoyen Theisz blâme le travail de nuit, mais il fallait
faire venir les patrons et les ouvriers, les inviter à
étudier la question eux-mêmes : « Voilà ce qu'il y
avait à faire et non à prendre vous-mêmes une

décision à cet égard ! » Ne croyez-vous pas entendre M. Charles-Roux ? Sur quoi, le citoyen Léo
Frankel, délégué au ministère du travail, s'arrache
les cheveux : « Mais c'est le seul décret vraiment
socialiste, s'écrie-t-il avec désespoir, qui ait été
rendu par la Commune ! » (*Les* 31 *Séances officielles
de la Commune de Paris,* — *E. Lachaud, éditeur,
p. 113.*)

L'assemblée de l'Hôtel de Ville était fort ministérielle : il fut entendu, pour faire plaisir à Frankel,
que le décret ne serait pas rapporté, mais qu'on ne
l'appliquerait pas.

La Commune a commis des crimes abominables
dont l'histoire n'est plus à faire ; mais voilà l'histoire exacte, incontestable « du seul décret vraiment
socialiste » qu'elle ait rendu.

# PIERRE ET ANTOINETTE

20 avril 1894.

Les socialistes de 1848 écrivaient le plus souvent
des sottises et ils ont commis nombre de mauvaises
actions ; mais ils avaient pour la plupart un souci sincère des souffrances humaines, et la sainte pitié qui
illuminait leurs discours n'était pas étrangère à leurs
cœurs. Le collectivisme d'aujourd'hui, qui se croit
scientifique, professe pour ces tendresses roman-
tiques un profond mépris. M. Jules Guesde réclame
contre les épithètes de « brutal », de « grossier »,
de « rétrograde », d' « inique » et de « barbare »
dont j'ai qualifié le collectivisme qu'il intitule inté-
gral ; j'ai cependant encore omis une épithète : le collectivisme est dur, il est sans cœur. Occupé exclusivement à provoquer à la révolte contre le patronat et
le capital, il dédaigne comme de piètres bagatelles
tout ce qui s'appelle fraternité, solidarité, charité.
Aucune larme n'a jamais amolli la rigidité de ses
formules mathématiques. La comédie de l'amour
est encore quelque chose de l'amour, un hommage
involontaire ; il ne la joue pas et se dresse inexora-
blement dans la haine. Il vient du Nord et il en a

gardé toute la sécheresse, toute l'âpre et cruelle
aridité. Le nom de son fondateur, dur, court, son-
nant comme le métal sur l'enclume, Karl Marx,
donne le sentiment fort exact de la doctrine, comme
les délicieux mystiques de Pérouse et d'Assise en-
tendaient dans le seul nom de Jésus toute la douceur
de l'Évangile. En attendant le jour béni où il aura
réduit la société tout entière à la pauvreté et la civilisation à l'indigence des âges primitifs, le collectivisme condamne la charité comme une offense
et la dénonce comme une ruse du démon. Je pense
qu'il convient de lui en savoir gré. A ceux qui n'ont
à la bouche que des paroles de guerre civile et de
destruction, opposons résolument et systématiquement des œuvres d'assistance publique tous les jours
plus nombreuses, des actes de solidarité sociale
tous les jours plus efficaces.

La lutte contre le capital absorbe ces messieurs ;
consacrons-nous à la lutte contre la misère. Le sentiment du devoir accompli doit nous suffire ; mais
ce que notre cœur commande, notre raison le con-
seille. La démocratie jugera, à son heure, entre
les fauteurs de grèves et de révoltes qui n'ont
jamais fait qu'accroître pour les travailleurs leur
part, déjà trop grande, de souffrances, et ceux, au
contraire, qui, sans ménager ni leur temps ni leur
peine, auront soulagé des douleurs et seront venus
en aide aux malheureux.

L'assistance publique, dans toute société et
surtout dans une société comme la nôtre,
est affaire d'État ; mais elle n'est pas qu'affaire
d'État. Il n'y a pas de champ, en effet, où l'initiative individuelle puisse plus utilement s'exercer, et elle y a déjà fait des merveilles. Les apologistes de la guerre des classes nous convient
parfois à venir discuter avec eux dans les théâtres
ordinaires où ils déclament; voilà pas mal d'années
que j'ai pris à Charonne, aux côtés de Gambetta,
une leçon que je n'ai pas oubliée : je sais toute la
tolérance des camarades pour les idées qu'ils. ne
partagent pas. Mais j'aimerais assez, à mon tour,
inviter certains démagogues de ma connaissance à
venir dénoncer l'égoïsme de la société bourgeoise
et capitaliste dans tels et tels hôpitaux, asiles ou
refuges qui ne sont entretenus que par la charité
privée et qui sauvent par an des milliers d'infortunes. Ils n'en secourent pas assez, ils n'en secour-
ront jamais assez, leurs fondateurs sont les premiers
à en convenir. Mais ces scélérats qu'on désigne
sans cesse à la haine exaspérée et à l'assassinat, —
c'est les bourgeois que je veux dire, et j'ajoute
même qu'il y a pas mal de nobles parmi ces bourgeois, — ces scélérats de philanthropes ont cepen=
dant séché déjà d'innombrables larmes et ils ont
sauvé plus d'existences que les professeurs d'é-
meute n'ont affolé de cerveaux, ce qui n'est pas peu

dire. Le malheur, c'est que ces bienfaiteurs de l'humanité souffrante, étant d'honnêtes gens, sont modestes et qu'ils auraient honte d'aller crier leurs bonnes œuvres par-dessus les toits. On n'entend, dès lors, à travers les carrefours, que les rhéteurs qui accusent l'infâme bourgeoisie de n'avoir pas d'entrailles. Il y a des jours où l'on voudrait croire à la vallée de Josaphat : le peuple enfin y reconnaîtrait les siens.

Il m'a paru juste, à cette heure où elle est l'objet de tant de dénonciations sanglantes, de rendre cet hommage à notre bourgeoisie ; je ne crois pas qu'il y en ait dans le monde entier qui soit plus compatissante et plus libérale, et, comme je ne lui demande pas seulement de continuer, mais de multiplier ses efforts, je vais lui signaler une œuvre admirable qui semble péricliter depuis quelques semaines et qui mérite entre toutes d'être soutenue par quelques souscriptions. Il s'agit de l'Asile de Vichibure, qui a été fondé, il y a douze ans, dans un petit vallon des Vosges, à quelques kilomètres de la frontière, par deux paysans, Pierre Nicole et sa sœur Antoinette. Sans aucune fortune, mais avec le dévouement de ceux qui ont au cœur, selon l'admirable expression de Shakespeare, « le lait de l'humaine tendresse », ces deux braves gens ont transformé leur modeste maison de petits cultivateurs en un lieu de refuge pour

tous les malheureux du pays et des environs. Vieillards, infirmes, mendiants usés par la fatigue et la
misère, idiots, enfants abandonnés, toutes les infortunes ont leur place sous ce toit hospitalier, où
ils sont logés, nourris, vêtus et soignés. La renommée ayant vite colporté la nouvelle de leurs
premiers actes de charité, Pierre et Antoinette se
sont trouvés bientôt dans l'impossibilité de satis-
faire à toutes les misères qui frappaient à leur
porte. Depuis longtemps, Pierre avait cédé son lit
à une vieille mendiante et se contentait d'une botte
de paille. Mais le chemin de Vichibure était connu,
et le cœur saignait à Pierre et à sa sœur chaque
fois que, faute de place, ils ne pouvaient recueillir
la misère qui passait. La charité publique s'émut
et des collectes fructueuses furent faites alors dans
les environs, à Corcieux, à Gérardmer ; le conseil
général des Vosges vota un petit crédit ; par deux
fois, l'Académie française accorda aux hôtes de
Vichibure des prix Montyon qui permirent d'ajouter de nouvelles bâtisses à leur maison et de
secourir de nouvelles infortunes. De vingt-cinq à
trente, le chiffre des pensionnaires hospitalisés put
passer ainsi à quarante et plus. Seulement, comme
le chiffre des pensionnaires a de nouveau augmenté
depuis un an et dépasse aujourd'hui soixante,
Pierre et Antoinette se trouvent de nouveau sans
ressources, et, de nouveau, il faut tendre la main,

non pas pour eux, mais pour tous les malheureux
qu'ils recueillent, vieillards et infirmes, qui, sans
eux, seraient condamnés au vagabondage parce
que les hôpitaux ne peuvent pas les garder.

Si nous avions dans tous les cantons de France
un asile de Vichibure, on verrait fondre à vue
d'œil l'armée des déshérités qui se laissent griser
par le vin frelaté des docteurs du collectivisme.
En attendant, il faut sauver l'asile-type qui fonctionne dans les Vosges. Depuis que j'ai commencé,
dans le *Matin*, contre les rhéteurs du socialisme
révolutionnaire, une campagne que je continuerai,
j'ai reçu nombre de lettres d'encouragement qui
n'ont pas été sans me faire plaisir. Je demande
aujourd'hui des lettres chargées. J'ajoute, d'ailleurs,
pour qu'il n'y ait pas méprise, que plusieurs curés,
et même des évêques, dont l'un est par surcroît
académicien, s'intéressent à l'œuvre de Vichibure.
Habitué depuis pas mal de temps à être taxé de
cléricalisme parce que je m'obstine à rester vol-
tairien, cela ne m'a pas empêché de donner mon
obole. Cet épouvantail à moineaux n'arrêtera pas
davantage, je l'espère, ceux et celles à qui je
m'adresse. La charité n'a pas de religion; elle est
donc laïque.

# PROPAGANDE ANARCHISTE

4 mai 1894.

C'est une maladie, déjà ancienne, de l'esprit
français que la manie de demander aux lois ce qui
ne peut être réalisé que par un changement dec
mœurs. Il est avéré qu'après la lecture désordonnée
des feuilles socialistes, la publicité effrénée des
journaux bourgeois est le principal bouillon de
culture de l'anarchie. Ces assassins sont aussi des
cabotins. La pensée que le récit de leurs moindres
propos remplit les colonnes de la presse gonfle d'or-
gueil ces poitrines de scélérats. Naturellement, les
conscrits prennent cette atroce renommée pour de
la gloire et rêvent de voir, eux aussi, voltiger leurs
noms sur les lèvres des hommes. La propagande
par la réclame précède et accélère ainsi la propagande par le fait. Tout cela, depuis six mois et plus,
a été répété par tout le monde et ne fait plus doute
pour personne. Là-dessus, que fait-on? L'on dénonce l'incurie des députés qui n'ont pas encore,
par de nouvelles lois, mis un terme à cette dé-
bauche de publicité. Il suffirait au public de repousser la nourriture dont il se gave. Il préfère demander

qu'il soit interdit de lui en servir. Les lois restrictives, à supposer qu'il fût possible d'en établir un
texte sérieux, seraient inefficaces et parfaitement
inapplicables tant que les mœurs mêmes ne seraient
point modifiées. Et quand ces mœurs se seront
modifiées, les lois seront inutiles. Que le public
manifeste une bonne fois, comme il convient, ses
répugnances, et ses fournisseurs attitrés se le
tiendront pour dit !

S'agit-il de demander à la presse de faire la
conspiration du silence sur les attentats et les
procès des anarchistes ? Évidemment non, mais il
y a des degrés du silence à la réclame. Quand mon
collègue Lasserre a proposé que le huis clos fût
obligatoire pour les procès des anarchistes, je m'y
suis vivement opposé, parce que je me refuse à sacrifier à ces misérables le principe tutélaire de la
publicité des débats criminels. Mais j'ai demandé
en même temps, et la commission de la Chambre
avait été unanime à appuyer ma requête, que la
police, le parquet et les fonctionnaires du service
des prisons soient invités à ne plus fournir aux
reporters, sur les moindres incidents de la vie des
accusés et des condamnés, les mille et un rensei-
gnements circonstanciés dont débordent les journaux. Où sont allées les promesses solennelles qui
nous ont été faites alors, il y a six semaines, par
les ministres compétents ? Par exemple, si nous

connaissons jour par jour les conversations, les
lectures et les menus de l'assassin du Terminus (1),
c'est évidemment que les instructions données par
les ministres sont allées rejoindre les vieilles lunes.
Une ou deux bonnes révocations suffiraient pour
fermer le robinet des indiscrétions administratives :
qu'attendez-vous ? Si c'est la prochaine bombe,
dites-le : nous serons au moins fixés.

Voilà, dira-t-on, qui n'est qu'un détail. Assurément ; mais toute cette publicité empoisonnée
n'est faite que de détails ; il n'y a moyen de la démolir que morceau par morceau et, encore une
fois, c'est surtout à l'opinion publique elle-même
qu'il appartient de se manifester. La presse, en
effet, depuis déjà pas mal de temps, ne conduit l'o-
pinion qu'à la façon de ce démagogue qui s'écriait,
en montrant ses troupes : « Je suis leur chef ; il
faut que je les suive ». Si le public était moins friand
de ces malfaisantes informations, la presse mettrait
moins de zèle à les lui fournir. Je crois même connaître quelques directeurs de journaux qui ne de-
manderaient pas mieux que de faire des économies
sur ces rubriques. Mais il faut vivre avant de phi-
losopher et, pour vivre, il faut commencer par
fournir à la clientèle ce qu'elle demande. Un grand
journal politique et littéraire publiait, l'autre

(1) Émile Henry.

matin, un très éloquent article sur ce qu'avait de
scandaleux la publication d'une lettre sentimentale
de Vaillant à sa maîtresse; la page tournée, je
trouve, juste dos à dos avec cette belle protestation, la reproduction intégrale de la lettre.
Le journaliste avait satisfait sa conscience, mais,
aussi, sa clientèle. Que l'opinion accuse donc la
presse, je le veux bien ; c'est une vieille habitude
qui est devenue inoffensive ; mais, d'abord, qu'elle
s'accuse elle-même. C'est elle-même, par ses curiosités malsaines et par sa misérable badauderie, qui
fait le mal. Qu'elle commence par se corriger ; mais
qu'elle se hâte.

L'anarchie est si bien le fruit pourri du socialisme révolutionnaire que les collectivistes, gênés
dans leur propagande par la fréquence des attentats,
ne savent qu'imaginer pour désavouer la paternité
de leur produit et essayer de la passer à d'autres ;
Pauwells, évidemment, a été soudoyé par le curé
de la Madeleine ! Répudiés à tort ou à raison, certainement trop tard, en tout cas les anarchistes mi-
litants ne doivent pas seulement être traqués et
frappés, mais considérés vraiment comme des malfaiteurs de droit commun. S'ils ne tuent pas pour
voler, mais seulement pour tuer, cela ne les distingue en rien de ces massacreurs dont l'espèce avait
déjà été classée par les juristes du moyen âge sous
le nom de *nequitas efferata*. « Quand on a une fois

goûté à cet horrible plaisir du sang, écrit encore Lombroso, tuer devient un besoin si impérieux que l'homme ne peut plus se maîtriser et que, loin d'avoir honte de son crime, il s'en fait gloire. » Henry appartient ainsi à la famille des Spadolino, des Tortora et des Mammone qui ont été étudiés par le grand criminaliste italien. Dès lors, qu'on ne fasse point à ces brutes une place à part et qu'une misérable rhétorique cesse enfin de comparer à des martyrs ces assassins de consommateurs inoffensifs !

Le jury fait son devoir en les envoyant à la guillotine des Dumollard et des Troppmann; il paraîtra au moins superflu de transformer, à grands coups de réclame, cette guillotine en piédestal.

# L'ILOTE IVRE

18 mai 1894.

M. Vaillant, député de la Seine et ancien membre de la Commune de Paris, a déposé sur le bureau de la Chambre, voilà déjà cinq ou six mois une proposition de loi tendant « à la suppression de l'armée permanente par la transformation progressive en milices sédentaires ». Une vingtaine de députés socialistes ont signé cette proposition renouvelée de Blanqui et de Gambon et dont l'exposé des motifs contient, entre autres amabilités, des phrases comme celle-ci : — « L'armée est aujourd'hui la garde-chiourme de la classe ouvrière ; c'est par l'armée permanente que le césarisme et le militarisme et aussi le parlementarisme gouvernent au nom et au profit du capitalisme, faisant et servant le coup d'État bonapartiste, fusillant et traquant les grévistes ou massacrant les Parisiens comme en 1871. »

La commission d'initiative parlementaire, qui avait le droit de proposer la question préalable, s'est contentée de conclure à la non-prise en considération. Il serait à désirer que la Chambre

discutât ce rapport dans le plus bref délai possible,
d'abord parce que nous trouverons aisément cinq
cents et quelques, conservateurs, républicains,
ralliés et radicaux, pour condamner la proposition de M. Vaillant ; ensuite parce que les députés socialistes qui la défendront à la tribune
joueront ce jour-là, à l'égard d'un certain nombre
de députés radicaux que hante l'idée du service
militaire de deux ans, le rôle fameux des ilotes
ivres.

Quand les pères spartiates voulaient corriger
leurs enfants du goût des boissons, ils faisaient
venir des esclaves qu'ils saoûlaient en leur présence ;
le spectacle de cette ivresse était la plus efficace
des leçons de choses ; les jeunes Lacédémoniens,
une fois qu'ils y avaient assisté, ne buvaient plus
que de l'eau. M. Vaillant, en effet, n'appuie pas
seulement son projet des belles raisons politiques
et sociales qu'il a imprimées dans son rapport,
mais que ni l'Extrême Gauche, ni le Centre, ni la
Droite ne lui permettraient de porter impunément
à la tribune. Il insiste particulièrement sur des
raisons pratiques et techniques, comme l'inutilité
d'un séjour prolongé à la caserne pour former le
soldat ou les avantages d'effectifs très nombreux ;
avec l'habileté parlementaire qui distingue entre
tous les députés socialistes, ce sont ces arguments,
et non les autres, que M. Vaillant développera

devant la Chambre ; et c'est précisément sur cette partie du discours que je compte.

Les déclamations injurieuses des socialistes contre l'armée « garde-chiourme des ouvriers », tout le reste de la Chambre les flétrira ; mais leur conception d'un service militaire très court et d'une armée d'autant plus nombreuse, ce n'est plus, cette fois, la négation et le contre-pied des théories radicales ; c'en est seulement l'exagération et la caricature. Vous voyez l'ilote... Quand **M.** Vaillant aura exposé à la Chambre le mécanisme de son système qui donnera au pays cinq millions cinq cent mille soldats citoyens, les vertus d'une instruction rapide et la puissance des hordes armées, j'ose croire que la lumière apparaîtra claire et nette. La réduction du service militaire à deux ans, c'est-à-dire la transformation de notre armée en garde nationale, serait tout simplement le pont qui conduirait de la loi de 1889 à l'organisation des milices chères au socialisme révolutionnaire.

On a coutume de dire dans les polémiques que les députés ou les candidats radicaux qui promettent la réduction du service militaire ne poursuivent qu'un but politique ou qu'une réclame électorale. C'est là une calomnie, et personne, au jour du débat public, prochain ou lointain, ne s'élèvera avec plus de force que moi contre cette assertion injurieuse. Il n'est pas permis de mettre en doute

le patriotisme très sincère et souvent très ardent
de ceux qui prônent le service de deux ans. Mais
ce qui n'est pas seulement un droit, ce qui constitue
le plus impérieux des devoirs pour ceux d'entre
nous qui savent qu'il ne suffit pas qu'une armée
soit nombreuse, mais qu'il faut surtout qu'elle ait
reçu une forte éducation, c'est de démontrer qu'il
est impossible, matériellement et moralement impossible, de former en deux ans un artilleur ou un
cavalier, et qu'un fantassin de trois ans est à un
fantassin de deux ans ce qu'un agrégé de philosophie est à un élève des écoles primaires.

Ce n'est pas devant la trouée des Vosges qu'il
ne faut point rester hypnotisé ; on n'y pense jamais
assez ; l'hypnotisme dangereux pour ceux qui
s'occupent des questions militaires, c'est celui du
Nombre. Or, c'est précisément devant le Nombre
que s'hypnotisent les partisans du service de deux
ans. Ils ne voient que l'augmentation des effectifs,
à la fois par la réduction du service et par la
suppression radicale de toutes les dispenses,
partielles ou totales. Évidemment, il est entendu
que la victoire doit rester aux gros bataillons.
Mais il ne suffit pas que les bataillons soient « gros » ;
il faut encore qu'ils soient solides. La quantité
n'est pas à dédaigner ; mais la qualité est-elle une
« quantité négligeable » ? Darius, lui aussi, avait
une armée immense, plus nombreuse que les

grains de sable de la mer ; cependant la phalange macédonienne la dispersa en quelques heures d'un facile combat. Vous nous offrez une armée de deux millions d'hommes ; mais M. Vaillant, lui, nous propose une milice de cinq millions cinq cent mille « soldats citoyens » ! Cinq cent mille « soldats » *tout court* feraient bien mieux notre affaire.

Ce qui fait le soldat, ce n'est point de savoir tourner par le flanc droit ou par le flanc gauche, porter et reposer arme ; à ce compte-là, feu les bataillons scolaires et feu la garde nationale eussent été, eux aussi, composés de soldats. Ce qui fait le soldat, c'est l'esprit militaire ; or, l'esprit militaire ne peut être le fruit que d'une longue et sérieuse instruction. Et cette servitude, assurément, est pénible et même cruelle ; mais elle est surtout nécessaire et indispensable. Les socialistes, qui sont des logiciens sans pitié, proposent de supprimer cette servitude ; les radicaux se contentent de l'abréger ; et, certes, la différence est encore grande entre les deux systèmes, mais qui nierait que la pente n'est pas glissante ? Bien qu'elle ait été préconisée à l'origine, non par des politiques, mais par des militaires (Chanzy, Trochu, Ducrot, Faidherbe), déjà la réduction du service de cinq années à trois n'avait pas été sans troubler et sans émouvoir d'une crainte patriotique les meilleurs d'entre nous. Mes collègues Francis Charmes et Reille pourraient raconter, comme moi-même, les longues hésitations de Gambetta. Mais le service de trois ans est un *minimum*. A descendre plus bas, il est impossible de dire où la descente s'arrêtera ou, plutôt, il est certain qu'elle ne s'arrêtera pas. Il y a un abîme entre le service de trois ans et celui de deux ans. Le gouffre franchi, nous serions tout de suite en pleine garde nationale ; il n'y aurait plus d'armée...

# RAPPEL AUX PRINCIPES

1<sup>er</sup> juin 1894.

Si j'étais professeur de droit constitutionnel et qu'à cette question : « Sous quel régime vivons-nous? » le candidat répondit : « Monsieur, ce n'est point sous le régime parlementaire! » je le taxerais peut-être d'impertinence, mais je ne lui donnerais certainement pas une boule noire.

L'ABC du régime parlementaire étant, en effet, d'appeler alternativement au pouvoir les chefs des majorités successives qui s'affirment devant la Chambre des députés, il faut remonter au ministère Dufaure qui suivit la défaite du Seize Mai, pour trouver, sous forme d'exception, l'application de la règle.

L'histoire de nos crises ministérielles est longue, plus chargée, sauf peut-être au Venezuela, qu'en aucun autre pays du monde. Vous pouvez la consulter. Pas une fois, depuis seize ans, le vote de la Chambre, le jour où elle a renversé un cabinet, n'a reçu sa sanction légitime et nécessaire. Sous la présidence de M. Carnot, comme sous la présidence de M. Grévy, une statistique incontestable montre

que les présidents du conseil ont été pris, neuf fois
sur dix, dans la minorité qui venait d'être battue,
parfois même dans le cabinet qui venait de succom-
ber. Quand ce genre de combinaison se heurte à des
difficultés insolubles — non pas de principes, mais
de personnes — le chef de l'État, plutôt que de
faire venir à l'Élysée le vainqueur de la veille,
s'adresse au président de la Chambre, qui finit
toujours par descendre du fauteuil sur la sellette.

Dès lors, au lieu de ces programmes nets et
précis qui permettent au pays de voir clair dans
ses affaires et de juger les partis selon leurs
mérites, cette longue série de combinaisons bâtardes
où les vainqueurs et les vaincus de la veille, récon-
ciliés autour d'un tapis vert, mêlaient les doctrines
les plus opposées et les principes les plus contraires,
réduisaient la politique, qui est la plus haute des
sciences, à l'art misérable de vivre au jour le
jour et tarissaient insensiblement les sources d'où
sortent les grands courants d'opinion.

Il y a eu évidemment d'honorables exceptions ;
mais on peut les compter sur les doigts d'une seule
main : le ministère Casimir-Perier a été juste la
quatrième.

Un jour que M. Clemenceau venait de renverser,
avec le concours de la Droite, son quatre-vingt-dix-
neuvième ministère, quelqu'un, qui avait déjà combattu vivement le radicalisme, alors mâtiné de bou-

langisme, conseilla à M. Grévy de faire appeler le
chef de l'Extrême Gauche afin que l'expérience de
la politique intransigeante fût faite une fois pour
toutes et que la démocratie républicaine en fût
guérie pour dix ans: « Quand M. Clemenceau entrera
par cette porte, me répondit M. Grévy, je sortirai
par celle-ci. »

Les choses, en effet, se passèrent ainsi ; la veille
seulement de sa démission, M. Grévy fit appeler
M. Clemenceau ; ce jour-là, d'ailleurs, il aurait pu
et dû s'en dispenser.

Il convient de rendre cette justice à M. Carnot : il
a tenu à marquer les derniers mois de sa présidence par une tentative de retour à la vérité parlementaire.

Le ministère Casimir-Perier ayant été renversé
par le parti radical, M. le président de la République
a offert le pouvoir à trois des chefs les plus autorisés de ce parti, et s'il est permis de regretter
qu'il ne soit pas allé jusqu'au quatrième, ce n'est
point, en tous cas, de la faute de M. Carnot si ces
messieurs ont refusé de prendre la responsabilité
de leurs votes. M. Léon Bourgeois, notamment, a
déclaré que le pouvoir lui avait été offert sans condition. Et, certes, ces trois refus ont eu l'incomparable
avantage de démontrer devant le pays l'impuissance du parti radical quand il s'agit d'autre chose
que d'une critique et d'une obstruction systéma-

tiques. Mais le radicalisme, par cela seul qu'il n'a
pas été mis à l'épreuve, va continuer à peser sur
toute la politique de la Chambre. Au contraire, si
M. Brisson ou M. Bourgeois ne s'étaient pas dérobés,
si M. René Goblet surtout, avait été appelé à l'Élysée,
et si cet ancien collaborateur de M. Léon Say et de
M. Jules Ferry avait constitué un cabinet, selon ses
affinités actuelles, avec M. Millerand et avec M. Jules
Guesde, le ministère radical aurait déjà vécu à
l'heure même où M. Dupuy lisait hier sa déclaration ; — peut-être même eût-il été encore à temps
pour la lire.

Le régime parlementaire, faussé depuis tant
d'années sur ce premier point, dont la gravité apparaît enfin à tous les yeux, l'a été encore d'une autre
manière qui n'est pas moins dangereuse.

Lorsque l'Assemblée nationale a donné au président de la République et au Sénat le droit de dissolution, c'était dans cette pensée très sage d'établir,
à côté de la responsabilité des ministres, celle des
députés eux-mêmes.

Renverser un cabinet, parfois sur le plus frivole
des prétextes, avec l'arrière-pensée, chez quelques-
uns, de pêcher un portefeuille en eau trouble, ce
métier est très commode. Le coup une fois réussi,
on fait venir la cuvette de Ponce-Pilate : à M. le
président de la République de se débrouiller !

Dans la pratique sincère et sérieuse du régime

parlementaire, lorsqu'une coalition quelconque a renversé sans motif un gouvernement qui a la confiance du pays, c'est au pays lui-même que s'adresse le chef de l'Etat; c'est devant le pays qu'il renvoie les députés; c'est le pays qui prononce en dernier ressort.

Une crise électorale est toujours chose grave; mais, pour grave qu'elle soit, elle est vite passée et, quand elle est passée, les choses rentrent enfin dans l'ordre et dans la règle pour de longues années.

Forcer les radicaux à prendre le pouvoir et à appliquer leur programme, c'eût été débarrasser la politique pour longtemps, pour très longtemps, de leur obstruction. Quelque court qu'eût été leur gouvernement, il eût, dit-on, fait beaucoup de mal en peu de jours. J'en suis très convaincu, mais ce mal eût été condensé ou concentré au lieu d'être répandu sur de longues années — répandu et accru. De même, quels que puissent être les embarras et les dangers d'une dissolution, renvoyer devant le suffrage universel une Chambre qui ne sait pas dégager et constituer une majorité de gouvernement, ce n'est pas seulement donner aux Chambres à venir une leçon profitable entre toutes, c'est épargner au pays lui-même des embarras et des aventures d'une bien autre gravité.

On me fera dire, mais je ne dis pas que c'est hier

qu'il eût fallu, pour la première fois, mettre en pratique cette autre vérité essentielle du régime parlementaire. Je dis qu'il y a longtemps qu'il eût fallu le faire — et que nous serions aujourd'hui soulagés.

La faute impardonnable qui a été commise par Mᵉ. le duc de Broglie, au 16 mai 1877, a été d'user mal à propos du droit de dissolution et de donner ainsi l'apparence d'une mesure réactionnaire à l'article le plus démocratique de la Constitution, puisqu'il permet au chef de l'État d'en appeler d'une majorité de rencontre au seul souverain, qui est le suffrage universel.

Il n'y a pas de plus noble et de plus beau régime que le régime parlementaire, mais à cette condition qu'il soit sévèrement et rigoureusement pratiqué.

Ce que les ennemis du régime parlementaire s'appliquent, depuis dix ans, à discréditer sous ce nom, ce n'est même pas l'apparence du régime, c'en est la sophistication et la négation.

Or, en fin de compte, c'est la Liberté elle-même qui souffre des contre-coups de tant d'erreurs et de mensonges accumulés.

Et quand la Liberté est malade, il se trouve toujours quelque part, pour mettre fin à ses souffrances en la jugulant, un César, de rencontre ou de race, qui monte à cheval.

# DE QUELQUES LIBERTÉS

15 juin 1894.

« J'appelle orthodoxie, disait About, ma *doxie* à moi et hétérodoxie la doxie des autres. » La plupart des radicaux et presque tous les socialistes n'entendent pas autrement le mot de Liberté — et la chose elle-même.

Demandez à un élève des écoles primaires quelles sont les libertés essentielles qui ont été proclamées par la Révolution, il répondra sans hésiter : « La liberté du travail et la liberté religieuse. » Et il vous les définira fort bien : « La première, c'est le droit de travailler à de certaines conditions ou de ne pas travailler tant que ces conditions n'ont pas été accordées ; la seconde, c'est le droit de croire ou de ne pas croire, de pratiquer ou de ne pas pratiquer, sans que cela regarde qui que ce soit. »

Cela semble clair, simple et, même, juste. Mais notre vieil ami Homais et notre autre ami, plus ancien encore, le charcutier Agoracrite haussent les épaules devant ces naïvetés et s'esclaffent de rire. Le pharmacien tient pour suspect et pour traître à la République tout fonctionnaire qui va à la messe ou qui permet à sa femme d'y aller; l'autre démagogue, le socialiste, fait consister la liberté du travail dans le droit pour les grévistes, qui ne veulent pas travailler, à empêcher leurs camarades, qui se résignent à un salaire même insuffisant, de travailler à leur guise. Quand la gendarmerie se permet de protéger les ouvriers qui veulent travailler contre ceux qui chôment, les disciples de Karl Marx crient à la tyrannie capitaliste. Quand Spuller fait appel, sous le nom d'esprit nouveau, au vieil esprit encyclopédique, révolutionnaire et républicain, tous les lecteurs d'Eugène Sue et de Léo Taxil (première manière) se signent d'horreur. Turgot a rédigé les grands édits qui supprimèrent les corporations, les maîtrises et les jurandes : c'est le prototype des affameurs du peuple. Michelet a eu l'imprudence d'écrire : « La liberté religieuse fut consacrée dans la Déclaration des droits, et non pas la *tolérance*, mot ridicule qui suppose un droit à la tyrannie... » C'est un clérical.

Et, naturellement, une fois en si bonne voie, l'on ne saurait s'arrêter. Du moment que les radicaux refusent aux fonctionnaires, sous peine d'éveiller les soupçons, le droit d'aller à la messe, et que les socialistes refusent aux ouvriers, sous peine de forfaiture, le droit d'aller à l'atelier aux conditions

qui leur conviennent, quoi d'étonnant si les uns se
coalisent avec les autres pour refuser à deux ou
trois millions de citoyens, désabusés de leur illusion royaliste, le droit de prendre dans la République la place qui leur appartient ! S'ils prennent
cette place, il faudra que ceux qui les ont précédés
au banquet se serrent un peu. Une pareille pers-
pective est-elle tolérable ? Le droit de se rallier à
la République, de servir loyalement les institutions
de son pays, de substituer à une bouderie stérile
ou à une opposition malfaisante un concours éclairé
et dévoué, quelle impertinence ! quel cynisme ! Sur
quoi, M. Ranc, qui, par modestie, n'a jamais voulu
être ministre, s'érige de sa propre autorité en
portier de la République : « Bonsoir les ralliés ! »
et il ajoute même : « Et leurs amis ! »

Les chefs des anciens partis, monarchie et empire, ne trouvaient jamais que leur régime eût re-
cruté assez de partisans ; nous avons changé tout
cela, et nous avons aujourd'hui des grands politiques qui trouvent qu'il y a trop de républicains.
Ils regrettent le temps où l'on n'était que mille.

Quand le comte d'Artois rentra à Paris, en 1814,
il prononça — ou, ce qui revient au même, se
laissa prêter par Beugnot — cette très belle phrase :
« Il n'y a rien de changé en France, il n'y a qu'un
Français de plus. » Quand les républicains d'une
certaine école s'avisent qu'il y a dans la Répu-

bliquc un républicain de plus, ils poussent des cris
à faire croire que le Capitole est menacé. Ces gardiens ont pris un brevet. Nous avons rêvé de faire
de la République un grand temple ouvert à toute
la France ; ils en feraient, eux, si nous n'y mettions
bon ordre, une petite chapelle avec un tourniquet à
la porte.

Comme il m'est parfaitement et depuis assez
longtemps indifférent d'être traité de clérical par
Homais, quand je défends la liberté religieuse, et
de réactionnaire par M. Jules Guesde, quand je
défends la liberté du travail, on ne s'étonnera pas
que l'excommunication, même de M. Ranc, quand
je défends la liberté de prendre place dans la République, ne m'émeuve pas beaucoup. Je me trouve
d'ailleurs congédié en assez bonne compagnie, et
notamment avec tous ceux qui avaient su pénétrer
vraiment dans la doctrine et dans l'esprit de l'homme
qui disait, à Lyon : « Que les conservateurs se dé-
cident à s'accommoder de la République et des libertés nécessaires à une nation démocratique ;
qu'ils entrent résolument dans nos rangs, sans
arrière-pensée, et qu'ils fassent véritablement
œuvre de défense démocratique ! Soit par leurs représentants dans les Chambres, soit par leurs or-
ganes dans la presse, si ces anciens libéraux ou
parlementaires reviennent à la vérité et à la sagesse, s'ils consentent à entrer en composition avec

le suffrage universel, *eh bien, il faudra s'en applaudir,
il faudra les accueillir, leur ouvrir nos rangs et leur
dire : Tant mieux ! venez exercer la légitime influence
qui vous appartient ; nous ne sommes pas une République fermée, nous n'exigeons que la loyauté dans
le concours et la sincérité dans les actes.* »

Je n'ai pas besoin de dire à M. Ranc de qui sont
ces nobles paroles ; mais M. Trouillot, qui les
attribue peut-être à M. Aynard, pourra les contrôler,
à la date du 28 février 1876, dans la collection des
discours dont Gambetta m'avait confié la publication.

# LE ROLE DU PRÉSIDENT

29 juin 1894.

Ce qui caractérise l'élection présidentielle du 27 juin, c'est qu'avant d'avoir été élu par le Congrès, M. Casimir-Perier avait été nommé par le pays.

Lundi et mardi, tous ceux de nos amis que la nouvelle de l'épouvantable forfait de Lyon avait surpris en province et qui étaient revenus en hâte nous avaient apporté, de Bretagne et de Provence, de Gascogne et de Normandie, la même impression. Les foules émues qui se pressaient autour des mairies, des gares, des bureaux de télégraphe, exprimaient partout ces trois sentiments : une douleur profonde de la mort de M. Carnot ; la joie, en apparence un peu puérile, en réalité parfaitement politique, que l'assassin ne soit pas Français ; l'espérance, — plus que l'espérance : la certitude ardente que M. Casimir-Perier serait l'élu du Congrès.

Bien qu'il eût occupé déjà de hautes situations, qu'il eût été successivement sous-secrétaire d'État à l'Instruction publique et à la Guerre, président de la commission du budget et président de la Chambre, on peut dire que le pays, il y a six mois, avant son arrivée au ministère, ne connaissait de M. Perier qu'une assez vague réputation parlementaire. Ses amis seuls le connaissaient ; encore le devinaient-ils plutôt ; l'un d'eux, il y a quelques semaines, lui fit franchement l'aveu que ministre et président du Conseil, il avait dépassé de beaucoup leur attente. Pourquoi, en si peu de jours, cette grande et saine popularité ?

La raison en est très simple : c'est que, las jusqu'au découragement des gens qui ne savent pas vouloir ou qui ne peuvent pas vouloir ou qui ne veulent que par à-coups et par saccades, le pays avait reconnu en M. Casimir-Perier un homme qui sait ce qu'il veut et qui le veut fortement.

Gambetta me disait un jour d'un homme politique, dont nul, d'ailleurs, n'admirait plus que lui la claire et lumineuse intelligence : « Comme caractère, c'est une *nolonté*. »

De nolontés en nolontés, au gré des flots démontés et sous le souffle des vents contraires, la démocratie se sentait glisser vers une anarchie pire, si possible, que celle qui jette des bombes et cache les couteaux sous les fleurs et les excitations au meurtre sous des tirades oratoires. Ç'est devant cette anarchie non moins détestable que l'autre, mais plus redoutable encore, parce que l'autre ne tue que des hommes et que celle-ci tue les régimes et les sociétés, c'est devant cette anarchie que M. Casimir-

Perier s'est levé en 1893 comme son grand-père en 1831. M. Perier est, lui aussi, celui qui sait dire *Non*. Il a dit *Non* à ce qu'Armand Carrel appelait, avec dégoût, sous le ministère Laffitte, « le gouvernement par abandon » et que d'autres, hélas ! sous d'autres cabinets, appelaient gaîment « la politique de déférence ». Et c'est parce qu'il a su dire *Non*, quand il le fallait, qu'un flot, à la fois si puissant et si calme, l'a porté à la première magistrature de la République.

A la moindre alerte et, partant, d'autant plus aux heures tragiques comme nous en avons tant traversées depuis vingt et quelques années, on parle toujours de reviser la Constitution et de faire de nouvelles lois. Je ne prétends pas que la Constitution soit parfaite, qu'il n'y ait pas des lois à faire, qu'il n'y ait pas surtout des lois à défaire, par exemple cette folle loi de 1881, qu'on a intitulée la loi sur la liberté et qui n'est que la loi sur la tyrannie de la presse. Mais ces lois mêmes et cette Constitution, quelles qu'en soient les lacunes et les erreurs, il suffirait encore de les appliquer pour empêcher d'abord le mal de s'étendre et, ensuite, pour ramener aussi vite au bien qu'il était descendu rapidement au mal cet admirable pays qui, depuis tant de siècles,

> Mesure, en ses ardentes luttes,
> A la hauteur des bonds la profondeur des chutes.

4.

Vous avez des lois encore qui punissent l'excitation au meurtre, à l'assassinat : Pourquoi les laissez-vous dormir ? Vous avez une Constitution qui, par la présidence de la République, assure non seulement la continuité du pouvoir, mais celle des traditions mêmes de la France, démocratiques et libérales à l'intérieur, nationales au dehors : qui ne sent qu'il est temps, qu'il n'est que temps de faire enfin de cette Charte une vérité ?

A travers l'inévitable succession des instabilités parlementaires, la présidence de la République, de par la Constitution même, représente cette continuité. La Monarchie dont il faut savoir parler avec justice parce qu'elle a été la France qu'elle avait faite, et qu'il est permis de glorifier sans danger dans ce qu'elle eut de bon et de beau, parce qu'elle est morte, la Monarchie avait su assurer pendant longtemps cette vivante continuité. La République ne l'a pas su jusqu'à présent, ou, plutôt, dans la lutte acharnée qu'elle a dû livrer pour la vie, elle ne l'a pas pu encore. Sa tâche est là et, comme elle doit l'accomplir sous peine de se faire faillite à elle-même, elle le peut.

A cette chose informe et basse que Carrel appelait « le gouvernement par abandon », ce que Casimir-Perier, l'ancien, avait opposé et fait succéder, avait été appelé « le Système ». — Le Système, c'est-à-dire la volonté ferme, forte, réfléchie, d'aller droit où il faut aller, de ne jamais dévier d'une ligne vers le marais croupissant des compromissions, des complaisances et des intrigues. — C'est le Système qu'il faut restaurer.

# LES IDÉES CRIMINELLES

13 juillet 1894.

J'écrivais, l'autre jour, au sujet de l'élection présidentielle, que M. Casimir-Perier avait été nommé par le pays avant de l'être par le Congrès; on pourra dire de même que la loi contre la propagande anarchiste a été adoptée par le pays avant de l'être, comme il est certain qu'elle le sera, par le Parlement.

On oublie trop ou, plutôt, l'on feint trop souvent d'oublier que, déjà, en 1890, après avoir vu à l'œuvre pendant neuf années la loi sur l'impunité de la presse, la majorité du parti républicain avait reconnu le danger. Au Sénat, 176 voix, toutes républicaines, s'étaient prononcées, après un admirable discours de M. Challemel-Lacour, pour une première réforme de la loi; à la Chambre même, où nous avions été vaincus, la majorité des républicains, 183 contre 140, avait voté le passage à la discussion des articles. Aujourd'hui, ceux-là seuls qui ne veulent pas voir ne voient pas. J'ajoute d'ailleurs que parmi ceux qui ne voient pas encore, il y en a plusieurs, tant est puissant le courant d'opinion, qui voteront quand même. Généralement, quand la crainte de l'électeur dicte le vote de l'élu, c'est pour quelque sottise· démagogique. C'est un radical, cette fois, qui me disait hier : « Si je ne votais pas la loi, il n'y aurait pas assez de pierres dans ma circonscription pour me lapider. » Les pierres elles-mêmes passent du bon côté et commencent à raisonner.

C'est qu'en effet l'expérience a parlé — que dis-je ? parlé, elle a crié et même hurlé ! — et qu'elle reste aujourd'hui, comme hier, comme il y a cinq mille ans, la seule éducatrice du genre humain. Éducatrice lente, sans doute, très lente à persuader et à convaincre, éducatrice cruelle qui n'écrit ses démonstrations, hélas ! qu'avec des larmes et du sang, mais éducatrice d'autant plus forte et qui, à la longue, l'emporte toujours. « Il n'y a point de délit d'opinion ! » dit le sophiste, et tous les rhéteurs d'applaudir, et, avec tous les rhéteurs, tous ceux qui, ayant le courage vil du conseil tant qu'il n'offre point de danger, n'ont pas le courage de l'acte. La crédulité populaire se laisse surprendre. Elle accepte comme parole d'Évangile la formule sonore. Mais le temps fait son œuvre, les formules s'effritent, les sophismes se décolorent et il apparaît enfin que frapper l'acte quand on épargne l'idée, ce n'est pas seulement frapper en vain, mais méconnaître, dans ce qu'elle a de plus certain, la justice elle-même.

M. Jean Jaurès, qui a été professeur de philosophie avant d'être professeur de déclamation,
comme il a été opportuniste avant d'être socialiste,
ne me démentira pas : Qu'est-ce qu'un acte sinon
une idée qui se concrète? Dès lors, si les belles
actions ne sont que de belles pensées qui se réalisent, les actes criminels ne sont, eux aussi, que
des idées criminelles qui s'exécutent et, par conséquent, ni la culpabilité morale ni la responsabilité sociale ne peut s'arrêter devant l'idée. Cette
tête de Caserio, qui va tomber l'un de ces matins,
personne ne la défendra qu'un pauvre avocat qui
aimerait mieux, certainement, plaider une vulgaire
affaire de mur mitoyen. Mais cette tête, qui donc
l'a affolée et perdue? Le bras qui a planté le couteau dans la poitrine du président Carnot n'a point
agi de lui-même ; il obéissait au cerveau détraqué
où l'assassinat d'un homme sans défense, du premier magistrat de la République, rayonnait
comme une vengeance sainte. Mais ce cerveau lui-
même, à qui obéissait-il? qui l'avait suggestionné
et qui le poussait d'une force aussi invincible qu'il
poussait lui-même le bras qui tenait le couteau?

On objecte : la culpabilité morale est une chose,
la responsabilité sociale en est une autre. Parfaitement, et je l'entends bien ainsi. Entre le misérable
qui, grisé de lectures malsaines et de paroles
empoisonnées, donne sa vie pour prendre celle

d'un autre, et ce rhéteur de carrefour qui, tranquillement, dans le silence du cabinet, cisèle les provocations meurtrières, le plus coupable, celui qui est moralement le plus odieux et le plus scélérat, ce n'est pas l'assassin. Et, sans doute, la responsabilité sociale de l'assassin est plus grande que celle de l'autre, parce que la société, quand elle frappe, a pour unique devoir de mesurer le châtiment à l'offense et que l'acte est une offense plus grave que l'idée. Mais il ne s'ensuit pas que l'idée criminelle ne soit pas, elle aussi, une offense et doive être impunie. Qu'elle ne soit pas frappée des mêmes peines, cela va de soi ; mais qu'elle doive être frappée, elle aussi, et sévèrement, et plus rigoureusement que par le passé, plus promptement surtout, cela ne se discute pas davantage. Donc il faut en finir avec ce sophisme qu'il n'y a pas de délits d'opinion. L'assassin n'est qu'un produit ; mais l'ignoble machine de mort aura beau faucher tête sur tête, le mal lui-même subsistera tant que les germes producteurs n'auront pas été extirpés du sol. C'est la propagande qui est l'ennemie.

Je ne dis point que la loi qui est proposée soit parfaite. En ce qui concerne la presse, elle ne revient que partiellement à ce système de droit commun qui avait été, autrefois, la doctrine des plus illustres républicains et que j'avais proposée en 1889 ; c'est l'éternel système des petits paquets.

En ce qui concerne la publicité des audiences,
elle paraît créer une disposition spéciale contre les
anarchistes, alors qu'il eût été si simple de préciser
seulement les dispositions pénales du Code sur le
huis clos dans l'intérêt « de l'ordre et des mœurs ».
Mais quoi ! quand la maison brûle, l'heure n'est
pas propice à discuter sur les avantages respectifs
de tel ou tel système de pompe à feu ; la flamme
risquerait de dévorer ce pendant un étage de plus ;
il faut courir au plus pressé, qui est d'éteindre
sans retard l'incendie. Juristes et légistes, nous
philosopherons après. Il s'agit d'abord de défendre
non pas seulement une société, mais la Civilisation
elle-même contre les barbares.

# LA LIGNE

27 juillet 1894.

L'un des traits caractéristiques de la longue, laborieuse et parfois brillante discussion de la loi sur les menées anarchistes, c'est l'obstination systématique des socialistes et de leurs alliés radicaux à prétendre que la loi les vise et les pourrait atteindre.

Le gouvernement, par l'organe du président du Conseil et du garde des sceaux, le président et le rapporteur de la commission ont eu beau monter vingt fois à la tribune ou se lever à leurs places pour déclarer que la loi nouvelle vise exclusivement les criminels anarchistes, les propagandistes par le fait, les excitateurs à l'assassinat et au pillage ; ils ont eu beau accepter l'amendement, au moins inutile, de M. Léon Bourgeois et rappeler ensuite, à cinquante reprises, avec quelle complaisance empressée ils l'avaient accepté : rien n'y a fait et, d'un bout à l'autre de ce débat qui a failli être aussi long que le siège de Troie et où il a été échangé presque autant de provocations et de défis, le chœur des orateurs radicaux et socialistes n'a pas arrêté de proclamer, avec de grands gestes d'indi-

gnation et de scandale, que leurs écrits les plus
innocents et leurs plus douces paroles ne tarderaient
pas à tomber sous le coup de la loi.

Qu'un membre du **Centre** ou de la Gauche gouvernementale se permît, dans une réplique ou dans
une interruption, d'insinuer seulement que les
apôtres du collectivisme ne sont point sans quelque
responsabilité dans le développement de la maladie
révolutionnaire et de la folie anarchiste, c'était
aussitôt, sur les bancs de la minorité, une tempête
de protestations et, parfois, d'injures qui n'avaient
d'ailleurs d'homérique que le fracas.

Mais la tempête était à peine apaisée — parce
qu'il faut bien que toutes les tempêtes, même quand
elles sont factices, s'apaisent — et un calme mo-
mentané revenu dans la salle surchauffée des
séances, qu'un orateur radical ou socialiste s'élan-
çait aussitôt à la tribune pour offrir sa propre poitrine aux coups de M. Dupuy ou de M. Guérin :
« C'est nous que vous visez ! — Mais lisez donc les
textes ! Nous ne voulons atteindre et frapper que
les scélérats qui poussent au crime, au pillage, au
meurtre. — Non, c'est nous, c'est nous ! »

Et l'orateur, avec une attitude de martyr,
regagnait son banc au milieu des acclamations
furieuses de la claque la mieux dressée et la plus
infatigable qui se soit jamais manifestée, du moins
dans une assemblée parlementaire.

Le président du Conseil, dans notre dernière séance du matin, a fini par perdre patience. Se tournant vers l'Extrême Gauche : « Mais pourquoi donc, s'est-il écrié, vous acharnez-vous à vouloir renverser et détruire la ligne de démarcation que nous avons établie entre le parti du crime et vous-mêmes ? »

Il n'a été naturellement répondu à cette pressante question, applaudie par la majorité, que par des cris.

M. le comte de Mun disait dans les couloirs : « On m'accuse d'être le représentant du socialisme chrétien. L'on m'accuse à tort ; j'ai déjà protesté, je protesterai encore à la tribune. Mais, enfin, l'accusation serait-elle cent fois vraie que je ne me sentirais menacé, ni par le gouvernement actuel, ni par aucun de ceux qui pourront lui succéder, du fait de la loi sur les menées anarchistes que je n'hésite point à voter. »

Ce que le député du Morbihan disait ainsi dans les couloirs, pourquoi les orateurs socialistes et radicaux n'ont-ils pas eu l'esprit de le dire à la tribune? Évidemment, rien n'aveugle plus complètement et n'obscurcit davantage le cerveau que l'opposition systématique, alors même que le prurit du pouvoir y serait étranger. Mais quoi ! notre démocratie — c'est à la fois sa force et sa faiblesse — est la plus simpliste qui soit au monde, elle n'a-

perçoit pas les nuances et elle se dira, elle dit déjà
que, pour se croire vraiment menacés dans la libre
expression de leurs doctrines par une loi qui ne
frappe nominativement que les excitations au crime,
il faut que les socialistes ne soient pas aussi per-
suadés qu'ils le prétendent que l'anarchie est la fille
de la police.

L'on me répondra que l'opinion a souvent tort
d'être simpliste ; je n'en disconviens pas. Mais
le mot de J.-J. Weiss n'en reste pas moins
vrai : « Quand je dis qu'il pleut, je ne fais pas
pleuvoir. » Ici encore, je ne fais que constater : le
gouvernement, la commission, la majorité de la
Chambre ne se sont pas lassés de convier l'Extrême
Gauche à se joindre à eux pour démolir le pont qui
va du socialisme à l'anarchie — et l'Extrême Gauche,
par une extraordinaire et invraisemblable mécon-
naissance de ses propres intérêts politiques, s'y est
obstinément refusée.

On dit : « Oui, assurément, vos intentions à vous,
législateurs et gouvernants de 1894, sont très pures ;
mais que feront vos successeurs ? Mais qu'ont fait
vos prédécesseurs ? N'a-t-on pas poursuivi, sous
l'Empire, et condamné la *Démocratie* d'Étienne
Vacherot ? »

Il y a quelques années, avant qu'il fût devenu le
collaborateur et l'associé des socialistes, M. René
Goblet proposa un jour à la Chambre une loi desti-

née à réprimer la presse pornographique. Ce fut alors, sur les mêmes bancs, le même scandale : « Vous proscrivez Boccace, La Fontaine, la reine de Navarre ? N'a-t-on pas poursuivi, sous l'Empire, les *Fleurs du Mal* et *Madame Bovary* ? »

M. Goblet trouvait, en 1882, que l'objection qui lui était ainsi faite n'avait pas le sens commun ; il le dit et avec beaucoup de raison, nettement, catégoriquement, de ce petit ton autoritaire qui est bien la seule vertu d'alors qu'il ait conservée. L'objection que faisait hier M. le député Goblet à M. le garde des sceaux Guérin se distingue-t-elle beaucoup de celle que M. le ministre de l'intérieur Goblet repoussait, en 1882, avec beaucoup de force et quelque juste dédain ?

On sait de quelle façon a été appliquée la loi sur les publications pornographiques. Ce précédent n'est même pas sans inquiéter quelques-uns de nos amis. Il devrait suffire cependant à rassurer l'Extrême Gauche socialiste. Elle affirme qu'elle a raison de s'inquiéter. Elle a tort, en tout cas, de le faire paraître.

# LES SEMEURS DE HAINE

Lyon, 8 août.

Caserio n'est pas seulement l'assassin classique
qui ne laisse pas au hasard aveugle des éclats de
bombe le soin de choisir les victimes, qui revient
au couteau des tragédies ; c'est le type même du ré-
gicide latin qui tue le tyran. Rien, chez lui, du mysticisme germanique ou slave qu'on trouve chez tant
d'autres anarchistes ; il est la haine, concentrée et
féroce, qui se dit la justice. Tous ceux qui ont assisté aux audiences de cet affreux procès gardent
comme un cauchemar la vision de ce tout jeune
homme qui prend lentement et froidement l'implacable résolution de tuer le plus doux des chefs d'État
et, sans remords, sans crainte, sans une seconde
d'hésitation, sous l'aiguillon de son idée fixe, som-
nambule, dans sa marche sinistre, qui note tous les
détails de la route, la mère qui sort du cimetière,
les buveurs au pied de l'arbre, s'en va droit, d'une
seule traite, comme dans un crime d'amphithéâtre,
de la boutique où il a acheté le couteau neuf au
landau où il frappera sûrement le président de la
République. Puis, le forfait accompli, pas une

lueur dans cette âme sombre, rien que l'effrayante
conviction qu'il a travaillé pour la cause sainte,
« pour l'Idéal ». M. Carnot a signé l'arrêt de mort de
Vaillant, celui d'Émile Henry ; c'est un tyran : qu'il
meure ! M. Carnot est servi « par des valets comme
par des bêtes » ; c'est un bourgeois : qu'il meure !
A plonger le regard dans de pareils abîmes d'incon-
science et de fureur, un vertige vous prend ; l'on sent
trembler et se dérober sous soi le sol des réalités.

On a dit ces jours-ci que, depuis le toast de Félix
Pyat à la petite balle, le meurtre politique n'avait
pas été prêché, du moins publiquement. Cela n'est
pas exact. Peu de jours après l'insurrection du Dix-
Huit Mars, un membre de la Commune, aujourd'hui
député (1), écrivait dans l'un des journaux officieux
de l'Hôtel de Ville : « On annonce l'arrivée du duc
d'Aumale à Versailles, cela prouve simplement que,
de Bordeaux à Versailles, il n'a pas rencontré un pa-
triote. » Les propagandistes par le fait, que sont-ils,
sinon des prédicants d'assassinat ? Ce qui est vrai,
c'est que de tout temps, sauf d'assez rares exceptions,
les assassins politiques n'ont point eu de collaborateurs et complices selon la loi.

Le misérable qui forme un pareil dessein en est
jaloux, comme d'une idée de génie, comme d'une
trouvaille merveilleuse qui doit faire sa gloire. Il

(1) M. Vaillant.

a reçu d'autrui le germe qui, rencontrant un terrain propice de culture, a poussé dans son cerveau pour y devenir le projet monstrueux qu'il réalisera. Mais il garde son secret pour lui, parle à peine, comme s'il prophétisait, d'un acte très grand qui va s'accomplir et qui aura de par le monde un immense retentissement. Il a été manifeste pour tous, à l'audience de la cour d'assises du Rhône où le soldat Leblanc a déposé, que ce témoin se vantait, qu'il n'avait reçu aucune confidence de Caserio et que l'histoire du complot et du tirage au sort était un roman inventé de toutes pièces. La complicité matérielle dans de pareils crimes est l'exception : l'assassin se décide tout seul, il combine seul son plan, il ne se fie qu'à lui-même, voilà le phénomène le plus général, et le procès de Lyon en a fourni une preuve de plus.

Seulement — et c'est ici qu'il ne faut pas laisser équivoquer, comme on cherche à le faire, sur cet « isolement » de l'assassin — ce n'est là que le dernier acte de l'horrible tragédie. Oui, l'assassin n'a fait part à personne de son projet ; mais son crime même, comment est-il né, comment s'est-il formé et développé dans son esprit ? « On assure, écrit Michelet, que les moines jacobins exaltèrent le faible cerveau de Jacques Clément par une nourriture spéciale, comme on avait fait jadis pour *préparer* Balthazar Gérard, l'assassin du prince d'O-

range. » Préparer, c'est bien le terme exact et juste.
La nourriture spéciale, celle dont parle ici le grand
historien, celle qui *prépara* Balthazar Gérard et
Jacques Clément, n'était d'ailleurs que matérielle.
Celle qui exalte aujourd'hui les faibles cerveaux des
assassins est tout intellectuelle ; ainsi le veut le progrès. Le fou qui tira sur Jules Ferry à bout portant,
le misérable qui a tué Carnot, Aubertin et Caserio
étaient ivres des mêmes boissons empoisonnées. Le
meurtre, dit un proverbe oriental, est le fils aîné de
la haine.

Il y a quelques années, la cour d'assises du Doubs
avait à juger un extraordinaire procès. Un enfant
de quinze ans avait tué d'un coup de fusil, la nuit,
un fermier qui était l'ennemi de son père. Le père
fut accusé de complicité ; c'était lui qui avait armé
le bras de son fils. Le père protesta avec force, jura
que son fils avait agi à son insu ; le fils confirma le
dire paternel. Matin et soir, il avait entendu son
père récriminer avec colère contre son voisin, lui
imputer les méfaits les plus noirs, le traiter de misérable et de scélérat. La tête simpliste de l'enfant
s'exalta ; il se leva de nuit, décrocha un fusil et tua.
Il fut démontré, établi par des preuves irrécusables,
que telle était bien la vérité.

Au lendemain de la mort du président Carnot, il
n'était pas interdit de croire que cette fabrication
systématique et savante de la haine subirait un

5.

temps d'arrêt. Il faut bien constater, hélas ! qu'il n'en a rien été. Nous sommes certainement le pays du monde où, dans les rivalités légitimes des partis, la haine devrait jouer le moindre rôle. Or, jamais, nulle part, en aucun pays, la fabrication n'en a été plus violente. On feint d'honorer les morts : ce torrent de haine veut respecter les tombeaux ; mais il redouble de fureur contre les vivants. Comme il y a un héritage de gloire, il y a un patrimoine de calomnies sanglantes que les chefs du parti républicain reçoivent les uns des autres.

Les orateurs et les écrivains des factions révolutionnaires se flattent eux-mêmes, à chaque occasion, d'avoir prononcé ou imprimé « des paroles meurtrières ». Meurtrières elles sont, en effet, alors même qu'elles ne se traduisent point par un coup de pistolet ou de couteau ; c'est bien l'épithète qui convient.

# LE DROIT COMMUN

24 août 1894.

Le verdict du jury de la Seine dans le procès
des Trente continue, après quinze jours, à être
commenté de toutes parts. Nombre de républicains
s'en indignent comme d'une manifestation nouvelle
de ce mal terrible qui a nom la peur — ce qui ne
laisse pas d'être injurieux pour le jury; les socialistes en triomphent comme d'un soufflet appliqué
de propos délibéré « sur la joue du ministère » —
ce qui n'est pas moins injurieux pour les mêmes
jurés. De ces deux interprétations d'un acquittement
désormais historique, laquelle est fondée ? Elles me
semblent toutes deux également injustes. Il n'est
pas bon de laisser croire, surtout dans nos campagnes, que les bourgeois des grandes villes
tremblent devant les menaces de l'anarchie; libre
aux socialistes de paraître se solidariser, devant
la galerie, avec les « intellectuels » ; mais il n'est
pas vrai que le jury de la Seine ait voulu, au lieu
de juger, se livrer à une manifestation politique.
L'explication de ce verdict me paraît tenir à des
causes plus profondes et, par conséquent, plus

graves : elle est tout entière dans l'incapacité du jury à juger à la fois des crimes et des délits.

Le jury, tel du moins qu'il est constitué et qu'il fonctionne, est-il la juridiction définitive des crimes ? Je ne crois pas. Le jury a un grand avantage : quand il a parlé, le peuple même est censé avoir prononcé — ce qui n'empêche pas que la plupart des erreurs judiciaires connues aient été commises par lui — et il a une grande vertu : il fait, il est appelé à faire à l'équité, qui est la justice supérieure et non écrite, une part égale à celle de la justice qui est décrétée par les lois et formulée dans les codes. Mais cette très belle 'médaille a son revers : le jury, précisément parce qu'il est une juridiction de sentiment, méconnaît souvent les principes généraux du droit qui ont cependant leur raison d'être, puisqu'ils résument et concrètent les expériences de la sagesse humaine à travers les siècles ; et il méconnaît plus gravement encore, puisqu'il n'a point de règle fixe, le principe même de l'égalité et de l'uniformité de la justice. On s'étonne parfois que le jury trouve des circonstances atténuantes aux crimes les plus horribles et jusqu'au parricide ; mais ce qui paraît plus inquiétant encore, c'est que certains crimes, les mêmes, selon qu'ils ont été commis dans telle ou telle région, sont assurés de l'impunité ou frappés d'une répression redoutable. Ainsi les jurés des grandes villes

acquittent presque toujours les crimes passionnels
que les jurés ruraux se refusent encore à glorifier
— et, au contraire, les jurys des campagnes et de
certains grands centres industriels acquittent régulièrement les infanticides, qui sont presque toujours
condamnés à Paris. Il faudra donc, un jour ou
l'autre, que le législateur regarde ces choses en face
et, ce jour-là, le jury actuel — je dis bien : le *jury
actuel* — ira rejoindre la garde nationale d'autrefois.

Quoi qu'il en soit — et j'entends bien que je
serai taxé encore une fois d'hérésie — voici
cependant la règle fondamentale du Code d'instruction : il renvoie les crimes aux cours d'assises,
il attribue aux tribunaux de police correction-
nelle la connaisance des délits. Or, que s'est-il
passé dans le procès des Trente? Le jury avait devant
lui, côte à côte, sur les mêmes bancs, des hommes
qui avaient commis des faits qualifiés crimes, le
cambrioleur Ortiz et ses amis, et des hommes qui
avaient commis des faits qualifiés délits par la loi,
le propagandiste Sébastien Faure et ses complices.
On avait cru, en présentant cet assemblage, faire
un coup de maître. Mais cette concentration, toute
philosophique qu'elle fût, était au contraire une
maladresse.

Le propagandiste, en effet, et l'excitateur en
chambre n'étaient accusés que de délits ; et, quelque
détestable que soit l'excitation, alors même qu'il y

aurait dans l'excitation quelque chose de lâche qui
n'est pas dans l'acte même, la distance — je ne dis
pas : morale, mais matérielle — entre le délit et
le crime est et restera toujours trop grande pour
qu'un jury puisse jamais être décidé à la franchir.
C'est devant cette barrière que le jury de la Seine
s'est dérobé comme un cheval de course devant
une banquette irlandaise. La mission propre
du jury est de juger les crimes : il a condamné
Ortiz. Quelque opinion que l'on ait sur la théorie
même du jury ou sur les modifications que la
science expérimentale apportera, un jour ou l'autre,
à cette institution, il n'est pas douteux que, dans
la doctrine générale du Code, c'est faire sortir le
jury de son rôle que de vouloir le faire prononcer
sur des délits. Au lendemain même du vote de la
loi, dont l'article premier reconnaît enfin, mais
d'une manière encore si incomplète, cette vérité
pourtant évidente, la chancellerie a joué la difficulté
en voulant faire juger le même jour, dans la même
audience, par le même jury, des délits et des crimes. Le jury a répondu comme on sait. Il n'a
donc pas, comme disent les socialistes, condamné
la loi sur les anarchistes. Bien au contraire, il en a
proclamé la légitimité. C'est la plus remarquable
des leçons de choses, plus éloquente que tous les
discours.

En résumé, dans l'état actuel et selon les principes fondamentaux de notre législation, la juridiction de droit commun étant la cour d'assises pour les crimes et le tribunal correctionnel pour les délits, il s'agit de rendre à chacune de ces magistratures sa fonction naturelle et son rôle propre. Nous avons toujours protesté contre les gouvernements qui, en diverses occurrences, cherchaient à « correctionnaliser » les procès, c'est-à-dire à altérer la qualification légitime des actes commis afin d'en soustraire les auteurs à leurs juges naturels, de les faire juger par le tribunal quand ils revenaient au jury. Je ne cesserai point, pour ma part, de réclamer contre les lois qui « criminalisent » certains délits et en font juger les auteurs, quand ils appartiennent à certaines catégories de citoyens, par la cour d'assises, alors que le juge de droit commun est le tribunal. Personne ne croit que le tribunal soit, de sa nature, plus infaillible que le jury ; il n'est point d'institution humaine qui soit parfaite. Mais il faut tenir pour légitime et rationnelle la distinction que les grandes assemblées de la Révolution avaient établie entre les crimes et les délits entre les juridictions différentes qui devaient en connaître, et c'est dans un intérêt supérieur de justice et d'égalité qu'il importe, dès lors, de faire disparaître les exceptions qui ont été apportées à ce principe. Ainsi les défenseurs de la loi, enfin ébréchée, de 1881, auront beau faire : ils ne feront jamais comprendre à notre démocratie égalitaire pourquoi un journalier qui injurie ou diffame un gendarme ou un commissaire de police dans un lieu public devant quatre témoins, est traduit devant le tribunal correctionnel qui le condamne — et pourquoi un journaliste qui outrage ou calomnie un ambassadeur ou un général dans une feuille publique devant quatre cent mille lecteurs, est envoyé devant le jury qui l'acquitte ; pourquoi un charretier qui, dans un moment de colère, jette son sabot à la tête d'un magistrat est condamné séance tenante à plusieurs années de prison — et pourquoi un pamphlétaire qui, de propos délibéré, vide un tombereau sur toute la magistrature, est déféré à la cour d'assises.

Je n'ai jamais été, et je ne serai jamais partisan du *referendum :* qu'il serait curieux cependant de soumettre la loi de 1881 au vote populaire !

# L'ÉDUCATION SOCIALISTE

7 septembre 1894.

Avec M. Robin, le parti socialiste a le ministre de l'instruction publique et des beaux-arts qui lui manquait. Il ne s'agit plus que de lui trouver un siège électoral. On le trouvera.

Tous les autres emplois étaient pourvus : à la guerre, tel ancien général de la Commune, à la justice tel ancien signataire du décret des otages. L'opinion les désigne et plus d'un fonctionnaire, protégé de députés radicaux qu'on pourrait nommer, habitué à se tourner vers les soleils levants, les attend déjà dans les bureaux. L'Université, seule, n'était pas fixée. Elle savait bien, elle aussi, tout comme l'administration ou comme l'armée, à quel destin elle est réservée et que le flot montant de la barbarie, qui menace tout, s'acharnerait contre elle avec une fureur spéciale. N'a-t-elle pas la gloire de garder et de défendre depuis des siècles, contre tous les obscurantismes et contre toutes les tyrannies, le dépôt des claires vérités et des libertés bienfaisantes ? Bien qu'elle en ait allaité quelques-

uns, n'est-elle pas l'ennemi née des sophistes, des
marchands d'orviétan, des rhéteurs de carrefour,
des enfileurs de phrases creuses et de tous les
démagogues ? Ayant repoussé victorieusement
l'assaut des jésuites noirs, n'est-elle pas vouée, logiquement, à la haine implacable des jésuites rou-
ges ? Mais qui porterait le coup de hache ? On avait
prononcé le nom de M. Jaurès ; mais M. Jaurès, il y
a quelques années encore, votait le budget des
cultes et l'ambassade auprès du Vatican ; il a parlé,
un jour, avec une conviction éloquente, de la vieille
chanson qui berçait la misère humaine : il ne tarde-
rait pas, ni plus ni moins que Spuller ou moi-même,
à être suspect de cléricalisme. C'est Robin qu'il
nous faut.

Quand les socialistes, au mois de juillet dernier,
combattaient la loi contre la propagande anarchiste,
ils déclaraient très haut que ce n'était nullement par
esprit de solidarité avec ces abominables sectaires
ni même par compassion : ces forcenés ne sont
point, comme on avait cherché à le faire entendre,
l'avant-garde indisciplinée de leur armée ; l'anarchie n'est pas le fruit pourri du socialisme ; si les
propagandistes sont ivres, ce n'est point du vin
empoisonné que la presse révolutionnaire verse à
flots ; seul, le pur amour de la liberté inspirait les
protestations des socialistes et dictait leur obstruction. Et la sincérité de ces répudiations était géné-

ralement évidente, car si la cause, aux yeux des logiciens, est toujours responsable, au moins moralement, de l'effet, elle n'en a pas moins le droit de le désavouer, n'ayant pas toujours calculé sa propre portée. Mais ici, dans l'affaire de Cempuis, il n'en va pas de même ; il ne s'agit pas de cause et d'effet; c'est la chose même qui est en jeu, et quand les socialistes, à la rentrée d'octobre, interpelleront le gouvernement sur la révocation de M. Robin, c'est bien *pro domo* qu'ils plaideront. Quitte à faire froncer le sourcil à M. Homais, dont les disciples, comme on sait, n'ont jamais admis de la tolérance que les établissements de ce nom, peut-être risquera-t-on quelques réserves sur la promiscuité des sexes. Il n'est pas donné à tout le monde d'aller à Tahiti. Certainement, cette île bienheureuse est la station terminale de la route qui va du collectivisme marxiste au retour pur et simple à l'état de nature; mais la route est longue, et l'on n'aperçoit encore cette Terre promise, où le communisme sera enfin une vérité intégrale, que dans un lointain brumeux. Cependant le fonds même de la méthode de M. Robin, c'était la doctrine socialiste dans toute sa beauté. Ce pédagogue breveté ne se contentait pas d'être athée et matérialiste, pour son compte; il enseignait le mépris de toutes les religions, excitait à la haine de toutes les croyances. Sur la patrie et sur l'armée, sur la famille, sur la société et sur la propriété, ce qu'il prêchait aux malheureux enfants qui lui étaient livrés, c'était l'Évangile même du socialisme international.

Qu'il puisse être permis de prôner dans les journaux toutes les doctrines, même les plus subversives, et toutes les idées, même les plus criminelles, c'est une théorie que, pour ma part, je ne me résignerai jamais à admettre. Une société ne mérite de disparaître que le jour où elle cesse de se défendre ; or, notre société, issue de la Révolution, ne mérite pas de disparaître ; elle n'a pas seulement le droit, mais comptable comme elle est, devant la civilisation, du résultat des luttes séculaires qui ont abouti à sa constitution, elle a le devoir de se défendre : et ce ne serait pas se défendre que de tolérer, comme on l'avait laissé faire trop longtemps, les propagandes scélérates. Mais enfin, quand on soutient la thèse de la liberté illimitée et de l'impunité privilégiée de la presse, on peut alléguer encore que la prédication des journaux s'adresse à des hommes faits, à des citoyens qui sont censés comprendre la valeur des paroles et des choses, qui sont légalement responsables ; et l'argument, s'il est mauvais, n'est pas radicalement inepte. Ici, au contraire, dans l'espèce de Cempuis et, hélas ! dans quelques autres, il s'agit d'un enseignement qui s'adresse à des enfants, à des âmes

neuves, où la première empreinte est la plus profonde.
et peut-être ineffaçable ; et alors l'enseignement de
certaines négations devient le plus odieux · des
crimes sociaux. Précisément parce que la République
a établi la neutralité confessionnelle de l'école —
cette neutralité que réclament, avec une si intelligente et si tenace obstination, les catholiques
d'Italie et de Hollande — elle se doit à elle-même
de réprimer avec la dernière rigueur tout enseignement qui serait un outrage à la religion, c'est-
à-dire à l'une des formes essentielles de la liberté
de pensée. Et précisément parce que la République
a doté la France de la plus grande somme de
libertés dont l'expérience ait jamais été tentée
dans aucun pays du monde, elle se doit à elle-
même — crainte des réactions inéluctables qui
conduiraient, non pas à la monarchie, mais à la
dictature — elle se doit d'entretenir dans l'âme de
la jeunesse, où il est sacrilège de les ébranler, les
fortes croyances qui sont indispensables non pas
seulement à tout fils de la Révolution, mais à tout
membre d'une société civilisée.

Quand le général Trochu se rendit, le 4 septembre 1870, à l'Hôtel de Ville, il dit à Jules Favre qui
lui offrait la présidence du gouvernement républicain et qui lui donna sa parole : « Nous garan-
tissez-vous Dieu, la famille, la propriété ? » Au
milieu des cruelles angoisses de l'Année terrible,

le général ne crut pas nécessaire d'ajouter : « Et la patrie! » Il y a vingt-quatre ans de cela. Vous savez ce qu'était hier encore l'enseignement de Cempuis. Il est temps peut-être de remonter le courant.

# LA TYRANNIE DES SYNDICATS

21 septembre 1894.

Un ouvrier verrier refuse d'entrer dans un syndicat; le syndicat invite le patron à renvoyer de ce chef l'ouvrier, d'ailleurs irréprochable, qui préfère rester libre ; le patron refuse de commettre cette injustice, qui se doublerait d'une lâcheté; le syndicat décrète la grève : et voilà des centaines d'ouvriers dans la rue, des centaines de familles qui mangent leurs pauvres économies et tombent dans la misère.

Il faut que les vacances de septembre soient bien douces ou que le sens exact des choses se perde de plus en plus pour que ce nouvel attentat à la liberté du travail ait été relégué par la plupart des journaux entre deux faits divers.

Les commis voyageurs ordinaires des grèves, désertant les villégiatures des congrès socialistes, se sont mis, eux, comme de juste et dès la première heure, en mouvement; il y avait du mal à faire à Rive-de-Gier, ils sont venus par l'express; les cabarets, qui sont les bénéficiaires attitrés des grèves, et les réunions publiques retentissent de déclamations contre la tyrannie capitaliste.

J'ai beau chercher, je ne vois dans tout cet incident, significatif entre tous, qu'une tyrannie, une
seule : celle des syndicats.

Encore un peu et de toutes les tyrannies qui,
depuis le commencement des siècles, ont pesé sur
le monde du travail, la plus lourde et la plus détestable aura été celle des syndicats qui furent professionnels.

Que les syndicats cherchent par une propagande,
tous les jours plus active, à recruter des adhérents,
c'est leur droit incontesté, c'est leur devoir. Mais
quand un syndicat, comme celui de Rive-de-Gier,
répond par la grève au patron qui ne consent pas
à jeter sur le pavé un ouvrier coupable seulement
de n'avoir pas voulu se laisser embrigader, est-ce
encore de la propagande et peut-on imaginer une
atteinte plus grave, plus odieuse, à la liberté du
travail, au droit même de vivre? Les terroristes de
93 avaient pour devise: « Sois mon frère ou je te
tue. » Les membres des syndicats de 1894 sont leurs
dignes héritiers. Ils disent à l'ouvrier: « Adhère
ou je te fais crever de misère! » et au patron :
« Chasse les ouvriers qui nous déplaisent ou ferme
ton usine! »

Je veux bien que les ouvriers ne s'apitoient pas
sur le sort des patrons placés entre ce dilemme :
une capitulation lâche ou la ruine. Il leur serait

pourtant assez facile d'observer que neuf patrons
sur dix sont des ouvriers arrivés et que la prospérité
des patrons est la condition primordiale du bien-
être des ouvriers. Mais, eux-mêmes, ne sont-ils pas
aussi directement en cause que les patrons ? Que
devient, non pas seulement la liberté du travail,
mais la liberté individuelle dans ce qu'elle a de plus
élémentaire et de plus essentiel, s'il peut dépendre
d'un syndicat d'ôter à l'ouvrier non syndiqué le
moyen de gagner son pain et celui de sa famille.

Que représente, d'ailleurs, la plupart du temps
ce syndicat qui parle si haut, qui mène si grand
tapage, qui prétend commander aux ouvriers comme
un capitaine de hulans à son escadron, qui décide
des grèves et qui fait mine de traiter d'égal à égal
avec le pouvoir? S'il représentait la majorité ou
même la presque unanimité des ouvriers de la
corporation, ses audaces n'en seraient pas moins
intolérables, le droit de la minorité n'en resterait
pas moins sacré. Mais les deux tiers, peut-être les
trois quarts des syndicats comprennent tout juste le
dixième ou le quinzième des ouvriers du corps de
métier; tel syndicat parisien compte exactement
277 ouvriers sur 23,000 qui exercent la profession.
Il n'y a point de problème politique ou social sur
lequel le secrétaire du dernier des syndicats n'ait
de réponses toutes prêtes ; mais n'allez pas lui
demander le chiffre de ses adhérents : la statue du

Silence paraîtra bavarde en comparaison. Et c'est cette minorité qui dicterait la loi, non pas seulement aux patrons, qui sont peut-être aussi des citoyens ou tout au moins des hommes, mais aux ouvriers eux-mêmes! C'est cette minorité, d'autant plus insolente qu'elle est moins nombreuse, qui ressusciterait contre les travailleurs récalcitrants au joug les pires oppressions des maîtrises et des jurandes!

Enhardis par les trop longues indulgences des pouvoirs publics, les syndiqués de Rive-de-Gier ont renoncé aux périphrases habituelles et ont déployé cyniquement leur drapeau ; mais le cas n'est pas nouveau, et voilà bientôt trois ans que M. Lebon, M. Piou et moi nous avons appelé l'attention de la Chambre sur le péril qui apparaît aujourd'hui dans toute sa laideur. C'était l'époque où M. Bovier-Lapierre réclamait des peines correctionnelles contre un patron qui renverrait un ouvrier comme faisant partie d'un syndicat. Nous répondions d'abord, nous excusant de l'audace grande, que les patrons avaient cependant le droit d'employer qui bon leur semblait. Puis, haussant un peu la voix, nous demandions à l'honorable député de l'Isère ce qu'il penserait d'ouvriers qui se mettraient en grève parce que le patron refuserait de se séparer d'un camarade non syndiqué. M. Bovier-Lapierre souriait, et M. Dumay s'écriait avec force : « C'est un cas qui n'arrive jamais ! »

Ce qui, hélas! arrive toujours dans notre démocratie, et cela parce que les libertés nécessaires n'y ont pas encore trouvé le contre-poids de l'autorité indispensable, c'est que ces libertés y dégénèrent en tyrannies.

La liberté de la presse en est devenue la tyrannie ; la liberté des syndicats subit la même métamorphose. Et, dès lors, si nous protestons, c'est dans l'intérêt même de la liberté. Il est telle mascarade d'où elle ne reviendrait pas.

Il est entendu qu'on dénoncera demain comme les ennemis de la liberté des syndicats ceux qui protestent aujourd'hui contre les oppresseurs de ces associations. Ces dénonciations ne nous troubleront pas beaucoup. C'est un des nôtres, M. Waldeck-Rousseau, qui est l'auteur de la loi ; la faute n'est pas à lui si, depuis cinq ou six ans, la faiblesse des gouvernements en a laissé méconnaître et violer les dispositions tutélaires ; ce n'est pas être infidèle à la liberté que d'en répudier la caricature. Mais de ce que nous voulons qu'il soit permis aux ouvriers de se syndiquer pour leurs intérêts professionnels — nous n'avons pas varié et nous ne varierons pas sur la légitimité de cette préface à la liberté générale des associations — il ne saurait suivre qu'il ne puisse pas être permis aux ouvriers qui ont d'autres idées de ne pas se syndi-

quer. Nous demandons la liberté pour les uns
comme pour les autres. N'en déplaise à M. Homais,
la liberté veut qu'on puisse aller même à la messe ;
n'en déplaise à M. Jules Guesde, elle veut aussi
qu'on ne soit pas forcé d'adhérer au syndicat.

Tout l'effort de la presse socialiste tend, depuis
de longs mois, à ressusciter les classes que la
Révolution avait abolies et à opposer à je ne sais
quelle caste d'ouvriers je ne sais quelle autre caste
de bourgeois. D'abord, je voudrais bien savoir en
quoi M. l'avocat Millerand et M. le professeur Jaurès
sont moins bourgeois que M. Charles Dupuy ou que
M. Burdeau, qui a été canut. — L'exclusivisme de
cette nouvelle aristocratie à rebours est tel qu'elle
prétend défendre même à M. Barrès de se dire socialiste ; il y a là évidemment des privilèges qu'on
ne veut pas partager. — Mais nous engageons
surtout les ouvriers, ceux qu'on trompe comme
ceux qu'on opprime, ceux-ci pour les encourager
dans leur résistance, ceux-là pour les édifier, à
comparer une bonne fois, aux diatribes de plus en
plus furibondes des meneurs socialistes, le langage même des hommes de gouvernement qu'on dénonce tous les jours comme des exploiteurs du
peuple. Ici, chez M. Casimir-Perier, dans le discours qu'il vient de prononcer à Châteaudun et
qui répond avec tant de noblesse aux accusations
savamment meurtrières de la démagogie, c'est l'ap-

pel, d'autant plus éloquent qu'il est plus simple :
« aux idées de solidarité et d'assistance qui honorent l'humanité ». Là, chez tous les agitateurs qui,
sans merci, poussent les ouvriers à la grève et
à la révolte, rien que la haine, et non pas même
la haine aveugle — ce serait une excuse — mais la
haine froide, savante, méthodique et calculée qui
sème le crime. Ici, dans ce qu'elle a de plus élevé,
la pitié humaine. Là, dans ce qu'elle a de pire,
la haine sociale.

Il faudrait plaindre les ouvriers qui, à la réflexion,
ne distingueraient pas leurs amis, qui les conseil-
lent, de leurs ennemis, qui les excitent. Ceux qui
ne distingueraient pas, ce ne serait pas seulement,
hélas ! pour la tyrannie des syndicats qu'ils seraient
mûrs.

# LE RÈGLEMENT

5 octobre 1894.

J'ai sur ma table un petit volume dont je me permets de recommander la lecture à ceux de mes collègues qui savent l'anglais et que notre distingué secrétaire général, M. Pierre, devrait bien traduire à l'usage des autres. C'est le code des us, coutumes et procédures de la Chambre des communes par Charles Bradlaugh. L'Angleterre est le berceau classique du régime parlementaire ; la Chambre des communes est l'assemblée la plus jalouse de ses privilèges qui soit au monde ; Bradlaugh est le député le plus radical qui ait siégé à Westminster. Ce sont là peut-être des garanties assez sérieuses de libéralisme. Je préviens cependant ceux des républicains qui s'aviseront de vouloir faire passer la Manche à ce règlement qu'ils seront traités aussitôt par nos seigneurs les socialistes d'horribles réactionnaires ; déjà accusés d'avoir jugulé la liberté de la presse par la loi sur les anarchistes, ils se feront inculper de vouloir juguler la liberté de la tribune par l'importation du règlement anglais. Il faut savoir se résigner à ce que les mots les plus clairs de la plus claire des langues perdent, dans la polémique des partis, leur sens le plus évident.

Ce qui caractérise la législature qui va entrer dans la seconde année de son existence, c'est l'apparition du bataillon carré des socialistes sur la scène parlementaire. On connaît les idées des socialistes en matière économique et politique : les modérés du parti se contenteraient de nous ramener au moyen âge, les radicaux de la secte rêvent du retour pur et simple à la barbarie primitive de l'âge de pierre. Sur le terrain plus restreint des pratiques parlementaires, ces messieurs, depuis un an qu'ils siègent au Palais-Bourbon, se sont distingués par deux innovations principales. Sous le ministère Casimir-Perier, ils ont inventé le jeu des interpellations à jet continu ; pas de jour sans interpellation à grand orchestre ; la Chambre voudrait travailler, étudier l'une ou l'autre des réformes que la démocratie réclame et attend depuis si longtemps : « Nous ne sommes pas ici, s'écrie le chœur socialiste, pour nous occuper des affaires du pays ; *verba, non acta ;* foin des actes! des paroles! des mots, des mots! » Et une interpellation succède à l'autre, prenant les trois quarts du temps de la Chambre, agaçant le public, énervant le pays, ébranlant petit à petit les gouvernements les plus solides. Sous le cabinet Charles

Dupuy, les socialistes ont perfectionné leur obstruction ; aux interpellations à jet continu, ils ont
ajouté les amendements à jet non interrompu. Le
ministère Perier avait eu à subir plus de soixante
interpellations ; le ministère Dupuy a essuyé près
de deux cents amendements sur une seule loi. La
Chambre avait beau manifester sa volonté avec une
énergie qui croissait à chaque séance ; ses votes,
pour les socialistes, étaient comme s'ils n'existaient
pas ; chaque article, chaque paragraphe, chaque ligne, chaque mot, chaque virgule étaient l'objet d'un
amendement, et chaque amendement était développé
en deux ou trois discours dont la violence à froid était
le moindre défaut ; comme le soulier dans la soupe de
l'Auvergnat, ils tenaient de la place — et quelle place !

Il n'est pas contestable que les socialistes, en
interpellant tous les jours le ministère Perier et en
déposant chaque matin une ou deux douzaines
d'amendements le long de la loi Dupuy, ne faisaient
user que de leur droit. Mais il n'est pas davantage
contestable que le régime parlementaire ne saurait
résister longtemps à ce système très savant et très
calculé d'obstruction. Au bout de quatre ans de
cette tactique, laquelle ne saurait manquer, d'ailleurs, de se perfectionner encore, il aura été impossible à la Chambre de voter une seule loi, et ce
sera alors la grande victoire des socialistes. Après
avoir empêché la Chambre de travailler, ils se

tourneront vers le suffrage universel et s'écrieront :
« La voilà, la voilà bien la stérilité du régime
parlementaire ! » Le chanoine Fulbert endommagea
le philosophe Abélard ; mais, son forfait accompli,
il ne lui reprochait pas d'être eunuque.

Ce qui arrive depuis un an au Palais-Bourbon
devait arriver : l'abus est inséparable de l'usage,
la licence est le corollaire inéluctable de la liberté.
Il ne faut pas s'en étonner, il faut y parer. Comme
les Anglais jouissent, depuis plus longtemps que
nous, du régime parlementaire, ils en ont connu les
abus bien avant nous. Ce sont exactement les mêmes
que ceux dont nous souffrons. Seulement, en gens
pratiques qu'ils sont, les Anglais ne se sont pas
contentés de gémir et ne se sont pas avilis à se
résigner. Contre ceux qui tournaient la liberté
contre la liberté, ils ont pris, avec leur décision
habituelle, toutes les mesures que comportait la
juste défense du grand intérêt qui leur était confié.
A tort ou à raison, nous avons établi le régime parlementaire sur le modèle anglais. Si l'on veut
essayer d'un autre régime, qu'on le dise : ce ne peut
être que le despotisme, celui d'un homme ou celui,
pire encore, d'une assemblée unique ; mais, je le
répète, qu'on ait au moins la franchise louable de
le dire. Si, cependant, nous voulons conserver le
régime de la liberté, soyons prêts à la défendre
comme les Anglais l'ont défendu.

Contre l'abus des interpellations, rien de plus simple : un ministre de la Reine peut toujours refuser, purement et simplement, de répondre. Je cite textuellement : *A minister may decline to answer any question.* (Bradlaugh, Rules and Procedure, page 30, ligne 18.) Si la majorité estime que le refus du ministre est mal fondé, elle n'a qu'à se prononcer pour la discussion, et le cabinet est par terre. Nous voilà loin du texte qui avait été présenté par M. Flandin, que près de deux cents députés, dont je suis, avaient revêtu de leur signature et qui paraissait à M. Goblet l'abomination de la désolation. M. Flandin se contentait de réserver un jour par semaine à la discussion obligatoire des interpellations ; les inventeurs brevetés du régime parlementaire se sont montrés plus radicaux.

Contre l'abus des discussions obstructionnistes, le remède anglais n'est pas moins énergique : sur la proposition de M. Gladstone, la Chambre des communes a organisé, à la date du 18 mars 1887, la procédure de la clôture. La clôture, dans le sens anglais du mot, peut être proposée à tout moment par un seul membre : la Chambre se prononce sans débat ; à partir du vote de la clôture, la discussion est suspendue : tous les amendements sont soumis au vote, comme de droit, mais il n'y a plus de discours ; on ne parle plus, on vote, on agit.

Le système de M. Flandin est-il préférable au

système anglais? Je m'en contenterais. Ce n'est point parce que le sort tournant des batailles électorales peut faire de nous, un jour ou l'autre, une minorité que je tiens le droit des minorités pour légitime : ce droit est naturellement légitime ; si nous voulons le réglementer, ce n'est point pour lui porter atteinte, c'est pour l'assurer, pour le consolider dans l'avenir, pour le préserver contre lui-même. Faut-il exiger que la clôture, pour être mise aux voix soit proposée, non pas par un seul membre, mais par cinquante députés ou par le président du Conseil ? Je serais fort disposé à l'admettre. Mais ce ne sont là que des questions de pure forme ; l'essentiel, c'est un règlement qui, d'une manière ou d'une autre, permette de couper court à l'obstruction. C'est ce règlement que nous n'avons pas.

Obstinément libéral, je reste convaincu qu'il n'y a pas de régime plus noble ni plus beau que le régime parlementaire ; mais l'expérience nous apprend qu'il n'y en a pas de plus délicat. C'est une horloge aux fins rouages. La bombe socialiste éclatant dans le régime parlementaire y a produit les mêmes dégâts que le premier boulet prussien dans l'horloge de Strasbourg. Veut-on raccommoder l'horloge ?

Qu'on y prenne garde : il est temps encore de parer au mal, mais il n'est que temps. Encore une ou deux sessions comme celle que nous venons de

traverser et ce pays essentiellement simpliste ne
connaîtra plus du régime parlementaire que les
abus qui sont l'œuvre de ses pires ennemis. Alors,
peut-être, étant parvenus à leurs fins, les socialistes pourront triompher, mais ce ne sera pas long.
Mais la liberté sera morte — et ce sera de nouveau,
pour longtemps.

Est-ce à dire qu'il serait habile de poser la
question du règlement dès l'ouverture de la prochaine session ? Je ne le pense pas. Il me paraît
d'abord que les interpellations qu'on annonce
pour la rentrée sont tout à fait nécessaires : loin
de chercher à les étouffer, provoquons-les plutôt
et ouvrons-leur le champ le plus large ; c'est
l'intérêt du gouvernement qui n'a pas à rougir des
actes d'autorité qu'il a accompli pendant les
vacances ; c'est l'intérêt, non moins évident,
de la majorité qui se doit à elle-même d'approuver ces actes et d'indiquer clairement sa politique.
Je ferai observer ensuite que les dernières tenta-
tives obstructionnistes datent de trois mois,
qu'on a eu le temps de les oublier. La question,
à mon sens, ne se présentera qu'après l'indispensable liquidation du début, quand la minorité
aura fait entendre toutes ses réclamations sans en
excepter une seule, quand le gouvernement et quand
la majorité auront répondu. Mais alors il faudra
qu'on nous laisse vaquer aux affaires sérieuses,

qu'on sache si la minorité entend, oui ou non, respecter notre droit à travailler comme nous aurons
respecté son droit à interpeller. Si la minorité socialiste y consent, ce sera tant mieux: le règlement
actuel peut suffire ; si, au contraire, elle s'obstine
et récidive, on ira à la bataille parce que la question qui se posera ce jour-là, ce sera celle d'Hamlet :
Être ou ne pas être ; le règlement sera modifié ou
le régime parlementaire ne sera pas.

J'ajoute cependant que, le jour où cette nécessité deviendra manifeste, il conviendra de laisser au
ministère l'initiative des mesures à proposer. Ceux-
là surtout qui sont le plus profondément convaincus
de l'impérieuse nécessité d'agir et qui, au surplus,
ont montré qu'ils savent ne pas reculer devant les
initiatives individuelles, ceux-là surtout devront
céder le pas au gouvernement, qui a seul l'action
nécessaire pour assurer le succès. Émané du régime
parlementaire, il en est le défenseur naturel contre
l'obstruction socialiste. C'est M. Gladstone lui-
même, premier ministre de la reine, qui a proposé
et fait voter contre l'obstruction irlandaise l'ordre
du 18 mars 1887 ; il eût pensé déchoir s'il n'avait
pas revendiqué pour son gouvernement l'honneur
de sauver le régime parlementaire anglais — et il
l'a sauvé.

# AVANT L'ORAGE

19 octobre 1894.

L'homme a sur les animaux un certain nombre de supériorités bien connues et dont il abuse ; les animaux, surtout le bétail, ont sur l'homme l'incontestable supériorité que voici : ils n'attendent pas, pour croire à l'orage, qu'il ait éclaté, que la pluie tombe à grosses gouttes, que l'éclair sillonne le ciel, que le tonnerre gronde ; ils sentent l'orage dans l'air alors qu'aucun vent ne s'est encore levé, qu'aucun nuage n'a monté encore à l'horizon ; ils le sentent et ils prennent leurs précautions.

Voilà déjà quelque temps que la société issue de la Révolution est menacée de la tempête : que fait-elle pour se défendre ? Elle n'a même pas l'air de se douter du péril. Il ne s'agit pas que d'elle, mais de la liberté elle-même, de la civilisation. Elle continue à vaquer doucement à ses affaires et, surtout, à ses plaisirs. Mme de Pompadour avait au moins l'excuse ou la consolation de prévoir que le déluge ne viendrait qu'après elle. Cette fois-ci, dans ce siècle où les mouvements mêmes de la politique ont la rapidité de l'électricité et de la vapeur, le déluge est pour nous. Nous ne sortons même pas nos parapluies.

Il y a quelques années, il fallait, j'en conviens, un peu plus de philosophie et d'expérience de l'histoire que n'en ont la plupart des hommes, un peu de cet instinct qu'ont les bêtes, pour annoncer l'orage. Aujourd'hui, il suffirait d'ouvrir les yeux pour voir s'amonceler les nuées, d'ouvrir les oreilles pour entendre rouler la foudre. Nous vivons au milieu des pires aveugles et des pires sourds. Les événements les plus graves et les plus tragiques laissent indifférente cette société dont les éléments d'en bas, formidablement conjurés, préparent la destruction. L'année qui va finir a été marquée par des incidents qui n'étaient pas précisément anodins. Une bombe a été lancée sur la représentation nationale, une autre a éclaté au seuil d'une église, une troisième a fait explosion dans un café; un président de la République a été tué. On s'est entretenu juste pendant huit jours de ces faits divers qu'un ancien premier ministre appelle, entre la poire et le fromage, des « crimes particuliers »; puis Carnot s'est évanoui dans les ombres lointaines du passé, quelque part entre Henri III et Henri IV, également assassinés.

Chose plus grave que ces meurtres mêmes et que ces crimes : l'horreur passagère qu'ils ont excitée n'a pas arrêté, l'espace d'une minute, les progrès de la propagande révolutionnaire. J'entends bien, et c'est l'évidence, que le socialisme n'est pas l'anarchie ; l'arbre n'est point le fruit. Mais les excitations forcenées, les appels furieux à la guerre civile, les discours de haine et de meurtre, d'où sont sortis ces attentats, ont-ils cessé ? C'est la même semence, peut-être même plus empoisonnée, qui continue à tomber dans les mêmes sillons. On pouvait arguer, il y a un an, que cette graine pourrirait dans le sol ; nous avons vu la moisson sanglante qui en est sortie.

Quand l'enjeu, je ne me lasserai pas de le répéter, n'est pas moindre que la civilisation elle-même, il y aurait lieu sans doute de prendre quelques précautions, au moins de s'émouvoir. Quiconque ne se cache pas la tête sous le sable, à la façon de l'autruche, est vite traité de réactionnaire — pire encore: d'économiste. A la vérité, le Midi est en feu : un ministre républicain ne s'est-il pas avisé d'appliquer la loi ? La prophétie du poète se réalise :

> On ne mutile plus la pensée et la scène,
> On a mis au plein vent l'intelligence humaine,
> Mais le peuple voudra des combats de taureau.

Le redoutable avertissement des élections belges n'aura pas été plus utile que ceux qui l'ont précédé ; il se perd dans la *Marseillaise* des *aficionados.* En attendant mieux, le socialisme pénètre tranquillement dans les campagnes, y fait son chemin. Les grands prêtres du collectivisme, toujours en mouvement pendant que nous dormons, se gardent bien de dire au paysan que l'État nouveau confisquera son champ, sans expropriation; il ne tient pas encore à faire connaissance avec sa fourche. Mais il lui montre les grandes propriétés voisines comme les biens nationaux de la Révolution sociale : « Tout cela est à toi. » Et le paysan applaudit le tentateur; sa grande, son unique passion, l'amour de la terre, devient le complice du socialisme.

Suffit-il d'opposer à cette marée des lois restrictives d'une intolérable licence? Je crois avoir, sur ce point, et depuis pas mal de temps, « libéré mon âme ». Il est manifeste qu'aucun gouvernement, que nul régime au monde ne saurait résister indéfiniment à la morsure quotidienne des flots déchaînés. S'il est indispensable de relever les digues volontairement supprimées dans une heure d'utopie, il y a cependant autre chose encore à faire. Non point, certes, qu'il convienne de se résigner, quoi qu'il arrive, à la formule de la part du feu; l'histoire tout entière apprend que les concessions qui portent sur les principes n'ont jamais désarmé personne et ne font qu'exciter l'audace justifiée des assaillants. Ce n'est point au feu qu'il faut faire sa part, c'est à plus de justice.

Le progrès n'est pas que le développement de
l'ordre; il en est la sauvegarde. Il n'y a pas seulement parmi ceux qui menacent la société des
démagogues, des malfaiteurs et des dupes; il y a
des malheureux qui souffrent, pour qui la vie est
par trop semblable à l'Enfer du Dante, que la
misère jette à la révolte. La fraternité, inscrite sur
la devise républicaine, est-elle un vain mot? Ce qui
distingue essentiellement le socialisme scientifique
d'aujourd'hui du socialisme romantique d'autrefois, c'est la substitution de la haine à la pitié. Le
socialisme de 1848 tendait vers les déshérités de
la fortune une main ouverte : le socialisme de 1894
montre à ceux qui possèdent son poing fermé. La
réponse de la société au socialisme est toute
trouvée : c'est la pitié, non pas la pitié sur le papier
et dans des paroles qu'emporte le vent, mais la
pitié active, agissante, inépuisable. Qui oserait
dire que l'assistance publique est aujourd'hui, à la
fin du dix-neuvième siècle, cent cinq ans après
la Révolution, ce qu'elle devrait être? La haine
sociale, depuis les temps les plus reculés, n'a
jamais eu qu'une source, toujours et partout la
même : la misère. C'est cette source qu'il faut
tarir. Et s'il n'est pas admissible qu'un homme
puisse mourir de faim dans un pays dont le budget
se chiffre par milliards, il n'est pas admissible
davantage que la vieillesse des travailleurs ne soit

point assurée par la collaboration de la prévoyance individuelle, du capital et de l'État. C'est un des nôtres qui a dit, le premier, qu'il était devenu nécessaire de demander davantage à la richesse acquise; il lui demandait ce surplus sans toucher à aucun des principes élémentaires de la Révolution; et il appliquait ce surplus à l'un des articles de notre programme, à la création d'une caisse de retraite pour les vieux ouvriers. Ne peut-on faire de ce programme une réalité?

Mais, d'abord, il faut se réveiller.

# AU BOUT DE LA ROUTE

2 novembre 1894.

L'un des symptômes les plus graves de la situation, c'est que beaucoup commencent à accuser des fautes qui s'entassent et des dangers qui s'accumulent sous nos yeux, non pas seulement les hommes qui font ou ceux qui laissent faire, non pas seulement les institutions et les lois, mais les principes eux-mêmes. Je ne m'associe pas à cette désillusion, je la crois particulièrement périlleuse, je pense qu'il est nécessaire de réagir contre elle avec énergie ; mais il suffit, pour la constater, d'ouvrir les yeux. La lassitude des hommes menace de s'étendre aux choses. Il conviendrait souvent d'être plus juste pour les hommes — je ne dirai pas: même pour certains de nos adversaires, ce qui serait trop banal, mais même pour nos amis, qui ne sont pas toujours sur un lit de roses ; — il faut surtout préserver les choses et les sauver du naufrage.

Ce n'est pas d'hier que l'abus et l'exagération des principes les plus certains et des vérités les plus évidentes ont compromis les vérités et les principes. L'histoire tout entière nous apprend que, depuis

le commencement des sociétés humaines, la liberté
n'a pas eu de pire ennemie que la licence, la démocratie que la démagogie, l'autorité que la tyrannie.
Ce n'est pas de leurs excès mêmes qu'il faut en
vouloir le plus aux gouvernements, par exemple,
qui abusent de la force brutale, c'est des conséquences inéluctables de ces excès qui sont de dé-
·truire pour des années le fonctionnement et jusqu'au
sentiment de l'autorité nécessaire. Ce que je redoute
aujourd'hui, c'est la conséquence non moins inévitable si l'on n'y prend garde, d'autres excès qui
ne sont ni moins odieux ni moins funestes. On fait
beaucoup trop de bruit dans la maison ; je déteste
ce bruit, mais je le préfère encore cent fois au
silence ; seulement, si le bruit continue, s'il va pro-
gressant pendant quelque temps encore, *j'entends*
déjà le silence qui lui succédera.

S'il est un journal qui, depuis près d'un siècle,
ait été invariablement fidèle, à travers toutes les
vicissitudes, à la liberté politique et parlementaire,
c'est le *Journal des Débats*. Il a défendu des causes
qui n'étaient pas les nôtres, il en a combattu qui
nous étaient chères ; mais il a toujours aimé et servi
la liberté. Il a eu l'honneur d'être supprimé par la
pire tyrannie qui se soit abattue sur notre pays,
par la Commune ; le régime du Deux-Décembre n'a·
pas eu, parmi ceux dont la bouche n'avait pas été
bâillonnée, d'adversaire plus résolu, Or, l'autre

7.

jour, dans le *Journal des Débats*, rendant compte
d'un livre où M. Pierre de la Gorse racontait précisément l'histoire des longues années silencieuses
qui ont suivi le Coup d'État, M. Jules Dietz, libéral
entre les libéraux, écrivait ces lignes : « Au spectacle
de Chambres envahissantes, privées de majorités
stables, s'agitant neuf ou dix mois par an pour
produire une somme de travail utile qu'on aurait
pu accomplir en deux fois moins de temps,
à la lecture de lois mal rédigées et incohérentes,
devant une administration asservie aux influences
parlementaires, en face de journaux dont chaque
page excite à la haine et à la guerre civile,
nous ne songeons certes pas à regretter la com-
pression à outrance qui a pesé naguère sur ce
pays et qui l'a conduit à d'effroyables catas-
trophes ; nous ne voulons ni Corps législatif dé-
pouillé des plus indispensables prérogatives parlementaires, ni candidature officielle, ni Conseil
d'État maître presque absolu du travail législatif,
ni « préfets à poigne », ni avertissements, ni sus-
pensions arbitraires de journaux ; mais nous com-
prenons que la France ait pu accepter et supporter
un régime si différent du nôtre, et, quand il s'agit
de juger ce régime, nous dépouillons quelques-unes
des préventions, des ressentiments et des répugnances qui, en d'autres temps, auraient influé
sur notre arrêt. »

Vous entendez bien, M. Dietz, le *Journal des Débats*
restent aussi attachés, aujourd'hui que par le passé,
à la liberté et au régime parlementaire ; mais ils comprennent aujourd'hui, ce qu'ils n'avaient pas compris
pendant quarante ans, ce qu'ils n'auraient pas compris hier encore, ce dont hier encore ils n'auraient
point parlé sans indignation et sans quelque belle
évocation de Tacite, ils comprennent que la France
ait pu accepter et supporter ce qu'elle a accepté
en 1851 et qui l'a conduite à Sedan. Ce qu'ils comprennent ainsi, fallait-il le dire ? On en a discuté ;
beaucoup de médecins, et des plus éminents, tiennent qu'il vaut souvent mieux faire connaître au
malade l'état à peu près exact de sa maladie. Mais
le symptôme grave, ce n'est point que l'aveu ait
échappé et qu'il ait été imprimé ; c'est que des
hommes qui sont, par excellence, par destination
et comme par profession, les amis du régime parlementaire et de la liberté politique, en soient arrivés là qu'ils comprennent dans leur for intérieur
l'état d'esprit de 1852. Eux, pour leur part, ils ne
se résigneraient jamais à accepter, quoi qu'il arrive, le règne de la force et le régime de la com-
pression ; ce qu'ont été leurs prédécesseurs et leurs
devanciers sous le second Empire, ils sauraient
l'être de nouveau, avec nous, si les mêmes fautes
ramenaient les mêmes conséquences. Mais ils n'a-
vaient vu, pendant longtemps, que la belle santé du

régime parlementaire et la fleur de la liberté ; ils voient aujourd'hui autre chose, et ils comprennent qu'il en est du peuple comme des individus qui, au lendemain d'une trop violente secousse morale ou physique, trouvent bon de se réfugier dans le repos.

Il ne faut pas se réfugier dans le silence ; il faut parler, il faut surtout agir, il faut secouer cette léthargie qui envahit, cette résignation au mal qui est une complicité avec lui. Ce n'est point de l'audace croissante des assaillants qu'il faut s'inquiéter, c'est de la mollesse de la défense, c'est de l'aveuglement d'un trop grand nombre de braves gens qui ne voient pas où ils se laissent mener.

Quand ceux des républicains libéraux qui ne peuvent pas encore se résigner à se taire protestent contre le socialisme, contre ses doctrines, contre la violence de sa propagande, quand ils dénoncent les capitulations qu'on lui consent, quand ils réclament une action vigoureuse et continue contre les fauteurs de haine et de guerre civile, on imagine parfois, même ailleurs que dans les cercles collectivistes, que ces récalcitrants ne sont préoccupés que de leurs intérêts personnels, qu'ils tremblent seulement pour leurs capitaux et qu'ils ne défendent que leurs écus. Ce n'est point cependant la victoire du socialisme révolutionnaire que nous redoutons ; nous connaissons trop bien ce pays de petite propriété, où la fortune publique est plus que partout ailleurs divisée, où il y a plus de rentiers que dans aucun autre pays du monde, pour croire à la possibilité d'une victoire qui, même éphémère, serait un désastre pour la civilisation.

Mais nous connaissons aussi trop bien les réveils subits qui suivent trop souvent, dans notre histoire contemporaine, les longs sommeils pour ne pas savoir quels sont, dans ce pays, les contre-coups ordinaires et naturels de la vérité subitement et brusquement entrevue. A l'heure actuelle, beaucoup de gens encore n'ont pas ouvert les yeux, beaucoup se grisent de mots, beaucoup se payent de l'illusion commode qu'il suffira de faire la part du feu. Mais que nous continuions, pendant un nombre de se-maines ou de mois qu'aucun prophète ne peut déterminer, à glisser sur la pente que nous des-cendons, et alors il n'est pas besoin d'être devin ou sorcier pour voir, clair comme la belle lu-mière du jour, quel sera un matin le réveil de ce pays. Ce qu'il y a au bout de la route, ce n'est donc pas du tout la victoire impossible du socia-lisme, mais, à la veille de cette victoire, devant la menace sur le point de devenir une réalité, le recul subit et le bond en arrière.

Oui, ce qu'il y a au bout de la route, c'est cela, que nous connaissons déjà, hélas ! et non autre chose qui n'est que chimère et mensonge. Et voilà pourquoi il faut au plus tôt changer de route...

# LA ROUGE ET LA NOIRE

16 novembre 1894.

Les lecteurs de ce journal (1), qui a eu l'honneur de mener l'assaut décisif contre la porno-pédagogie de M. Robin, se souviennent peut-être que je m'alignai, dès le début du combat, et qu'une fois de plus j'appelai « un chat un chat ». M. Ranc écrivit le lendemain dans *Paris :* « Nous disions hier que l'affaire de Cempuis est la préface d'une grande campagne contre l'instruction laïque et ses fondateurs. La campagne continue. C'est aujourd'hui M. Joseph Reinach qui entre en lice. Son article est d'une rare violence. On en peut juger par cette phrase qui figurerait avantageusement dans les colonnes du *Monde*, de l'*Univers* ou d'une des nombreuses *Croix* qui pullulent sur le territoire de la République : « Quitte à faire froncer le sourcil à M. Homais, dont les disciples, comme on sait, n'ont jamais admis de la tolérance que les établissements de ce nom... » Par disciples de M. Homais, M. Joseph Reinach entend évidemment les libre-penseurs. L'injure est grossière, etc. »

(1) Le *Matin*.

Après la séance de samedi dernier (1), cette citation, sans un mot de commentaire, suffit à ma vengeance ; — j'avoue, au surplus, qu'en écrivant cet article et surtout cette phrase, je ne croyais pas si bien dire ; — il y a cependant une moralité assez instructive à tirer de cette citation.

Deux ou trois douzaines de républicains qui ne peuvent pas se résoudre à rompre avec le radicalisme — lequel, d'ailleurs, les met dans le même sac que nous — ont pris l'habitude de jeter à tous bouts de champ l'accusation de cléricalisme à la tête d'un nombre assez considérable de leurs plus anciens amis, dont voici, très exactement, le crime : politiques, ils repoussent, d'où qu'elles viennent, l'intolérance et la vexation. En quoi sommes-nous « cléricaux » ? Nous avons eu beau, devant l'âpreté de certaines attaques, faire avec le plus grand soin notre examen de conscience, nous n'avons rien trouvé. Nous ne pratiquons pas plus aujourd'hui qu'hier ; nous sommes, aujourd'hui comme hier, les gardiens impénitents des lois scolaires ; la suprématie de l'État, qui n'est au surplus que la vieille formule monarchique du trône sur l'autel, n'a pas de défenseurs plus résolus que nous ; ce que nous étions il y a dix et quinze ans, aux côtés de Gambetta et de Ferry, nous le sommes encore aujour-

(1) Interpellation sur l'affaire de Cempuis.

d'hui. En quoi donc, encore une fois, méritons-nous d'être dénoncés à chaque instant par d'anciens compagnons d'armes, et cela, ils le savent à merveille, devant la démocratie la plus crédule, la plus ouverte au soupçon qui fût jamais, comme des cléricaux et des réactionnaires?

L'incident de Cempuis est, à cet égard, particulièrement topique. Pourquoi, dès le premier jour, avec les seuls éléments d'une enquête qui n'avait été faite que par deux ou trois *reporters*, nous sommes-nous prononcé contre M. Robin ? Les avocats de M. Robin contestaient que son enseignement fût athée à la patrie ; c'était une question de fait : le fait a-t-il été suffisamment établi ? Mais ce que personne ne mettait en doute, c'est que ce personnage, sous prétexte de libre-pensée, insultait systématiquement, dans ses leçons, à la pensée d'autrui. De ce que, dans le passé, l'intolérance a été le plus souvent le fait des prêtres et des moines, il ne s'en suit pas que l'intolérance religieuse soit seule détestable. L'intolérance est, en elle-même, haïssable et vilaine. Qu'elle soit religieuse ou qu'elle soit athée, elle nous fait également horreur. Religieuse, elle a peut-être cette circonstance atténuante que l'inquisiteur croit sauver l'âme de l'hérésiarque qu'il persécute. Mais cette atroce excuse, que Victor Hugo alléguait pour Torquemada, échappe au libre-penseur matérialiste qui, sans doute, ne rôtit pas les hérétiques de l'athéisme — ce qui constitue évidemment une autre différence; d'ailleurs, s'il n'y a plus de bûchers, ce n'est pas de sa faute; — mais qui n'en moleste pas moins la foi d'autrui. S'il jette l'outrage à une croyance qui n'est pas la sienne, c'est pour le simple plaisir de l'insulter. S'il taquine ou persécute ceux qui ont le tort de croire, c'est pour le simple plaisir de les vexer. M. Robin nous a paru appartenir à cette catégorie de fanatiques à rebours; et cela nous a suffi pour le condamner, bien avant les révélations de M. Leygues. La répugnante histoire de Machu a décidé les radicaux, au dernier moment, à approuver l'attitude du gouvernement dans l'affaire de Cempuis; il nous sera permis de dire que notre vote, à nous, avait été dicté depuis longtemps par d'autres raisons. Mais c'est précisément parce que notre libre-pensée s'était révoltée contre l'odieuse contrefaçon de la libre-pensée qui existait à Cempuis, c'est pour cette raison, dont nous tirons vanité, que le rédacteur en chef de *Paris* nous accusait de prêter la main à une campagne cléricale. Machu dévoilé, on a pu lire cependant dans le même *Paris :* « Il est bien difficile à M. Robin de se prétendre plus longtemps la victime des vengeances cléricales. » Ce n'était pas le seul M. Robin, ô *Paris !* qui prétendait cela !

Depuis le vote que nous avons donné à M. Clausel

de Coussergues dans la fameuse affaire du droit
d'accroissement jusqu'aux applaudissements dont
nous avons salué le discours de M. Spuller sur cet
esprit nouveau, qui n'était nouveau que de nom —
car c'était tout simplement le vieil esprit de tolérance, de liberté et de justice qui animait l'Encyclopédie et la Révolution à ses débuts ; — si l'on
veut chercher avec quelque impartialité en quoi
nous avons mérité d'être accusés de cléricalisme
par d'anciens camarades ou d'anciens amis, on ne
trouvera pas autre chose que ce que je viens de
montrer à l'occasion de l'incident de Cempuis. Ici
et là, partout et toujours, nous sommes et nous
resterons obstinément des hommes de liberté. Ce
n'est pas la couleur, rouge ou noire, de l'intolérance
qui nous la fait haïr ; c'est l'intolérance même que
nous détestons. Il est très beau de dire : « Nous
sommes le parti de la philosophie. » Mais c'est précisément parce que nous tenons à honneur d'être
vraiment de ce parti de la philosophie et à n'en pas
porter seulement l'étiquette que nous nous dres-
serons toujours, avec la même colère, de quelques
injures qu'on nous accable, — outrages passagers,
sans doute, mais cruels cependant et parfois mortels,
— contre toutes les intolérances, qu'elles viennent
de droite ou qu'elles viennent de gauche, qu'elles se
réclament, avec Nonotte, de l'Évangile qu'elles diffa-
ment, ou de Voltaire, avec Homais qui le calomnie.

# LES FORCES BRISÉES

30 novembre 1894.

Je n'étais pas allé à Belleville depuis la scène
fameuse de la salle Saint-Blaise, quand une
poignée d'énergumènes et de malfaiteurs étouffa
sous les clameurs la voix de Gambetta. La réunion
électorale avait été convoquée pour huit heures du
soir dans un vaste enclos, couvert seulement en
partie par un toit sous lequel s'élevait l'estrade et
éclairé par cinq ou six énormes globes électriques.
Il y avait là, entassées et serrées l'une contre
l'autre à étouffer, de huit à dix mille personnes.
Lorsque Gambetta arriva sur l'estrade avec les
membres de son comité et quelques amis, sa première pensée devant cette immense mer d'hommes,
encore silencieuse, mais déjà houleuse comme
l'Océan sous le premier souffle de la tempête, devant
cette obscurité vivante que trouait seulement de
place en place la lumière crue de l'électricité, sa
première pensée fut une pensée d'artiste : « Est-ce
beau ! me dit-il, quel magnifique décor pour parler ! » Quatre jours auparavant, à Ménilmontant, il
avait développé son programme politique : ce soir-

là, il se proposait d'exposer son opinion sur les questions sociales qui sommeillaient encore, mais qui le préoccupaient déjà. Il n'en avait guère parlé qu'une fois, dans ce discours du Havre où il avait dit, à la grande colère de Louis Blanc: « Il n'y a pas une question sociale : il y a des questions sociales. » Tout ce que cette puissante intelligence avait médité sur ces redoutables problèmes a été perdu à jamais.

Gambetta avait paru à peine sur le devant de l'estrade que le tumulte éclata, brutal, systématique, implacable. Pendant qu'une moitié de la réunion criait: « Vive la République! Vive Gambetta! » l'autre moitié sifflait avec violence et poussait des hurlements. Nos amis réclamaient la présidence du docteur Métivier; les intransigeants criaient: « Réties! Réties! » Métivier s'installe au fauteuil et donne la parole à Gambetta. Le vacarme redouble. Gambetta, très pâle, ressentant certainement l'une des plus cruelles douleurs de sa vie, essaye de rappeler au silence les forcenés dont les cris continuent à se mêler aux acclamations des républicains: « Citoyens, est-ce que vous êtes le « peuple de Paris? Comment! dans Belleville, dans « Paris, la démocratie républicaine est réunie, et « voilà le spectacle qu'elle donne? Et vous vous « prétendez dignes de la liberté! » Mais l'orage gronde avec une colère croissante. Gambetta frappe

de sa canne la table qui est devant lui : « Comment !
« *Vous êtes ici dix mille citoyens et vous seriez dix*
« *mille condamnés à l'impuissance par une poignée*
« *d'énergumènes !* » Hélas ! l'histoire de toutes les
défaillances de la démocratie tient et tiendra éternellement en ces mots. Et pendant que la tempête
se déchaîne dans une folie croissante, Gambetta
continue sa furieuse harangue dont notre ami
Paul Detot sténographie tranquillement les lam-
beaux déchirés. La lutte dura près d'une demi-
heure ; Gambetta ne se retira, levant la séance qui
dégénérait en bataille à coups de poings, qu'après
avoir épuisé son dernier souffle de voix.

Dans la soirée, nous nous réunîmes au comité
de la rue de Surène, Gambetta se fit montrer les
épreuves de son discours. Je me souviens que
Spuller lui proposa de supprimer l'invective peu
académique : « Silence aux braillards ! silence aux
gueulards ! silence à ceux qui n'ont ni pudeur ni
conscience ! » Je fis observer que la phrase était,
à cette heure, connue de tout Paris. « Est-ce que
tu crois, dit Gambetta à Spuller, que je travaille
pour le *Courrier de Vaugelas ?* » Quelques instants
après il se retira dans sa chambre, emportant un
volume de Rabelais. Il était en apparence très calme,
presque indifférent, mais, en réalité, meurtri
jusqu'au fond de l'âme. Derrière la démocratie qu'il
croyait avoir définitivement émancipée, il avait

revu la démagogie, celle de Marat dont il avait dit,
au début de sa carrière, qu'elle n'est pas moins
haïssable que celle de César. C'est, d'ailleurs, la
même.

Il y a treize ans de cela ; et aujourd'hui, ce n'est
pas seulement à Belleville, dans un banquet d'amis,
que le nom de Gambetta, chaque fois qu'il revient
sous la chaude parole de l'un ou de l'autre de ses
lieutenants, soulève des acclamations sans fin ; mais
c'est, dans les Chambres et dans la presse, presque
tous ses anciens adversaires, et quelques-uns parmi
les plus malfaisants et les plus cruels de ses
ennemis, qui cherchent à s'abriter, à chaque
occasion, sous son nom ou sous quelque fragment
de sa doctrine. La même réparation, non moins
légitime, s'opère pour Ferry. Et j'entends déjà le
chœur des Pangloss-Prudhomme qui trouve cela
consolant ; je voudrais bien savoir qui cela conso-
lera, parmi ceux qui se donnent la peine de réfléchir,
d'avoir vu briser ces grandes forces de la patrie
par la détestable coalition des calomnies, des jalou-
sies et des haines !

Wéiss, le lendemain de la mort de Gambetta,
écrivait, dans un admirable article : « On le pleure
aujourd'hui ; l'enthousiasme public fait cortège à
sa dépouille mortelle ; le parti républicain tout
entier est dans la consternation. Il est bien temps
de pleurer ! Il est bien temps d'être consterné !

Que n'a-t-on songé plus tôt à tout ce qu'il valait ! »
Ferry succède à Gambetta ; la leçon est fraîche de
la veille, toute saignante ; elle n'en sera pas
moins perdue : songera-t-on davantage à ce que
vaut celui qui a ramassé le drapeau tombé ? Il
faudra que, lui aussi, il meure, après avoir bu
jusqu'à la lie la coupe des ingratitudes et des
vilenies, pour que l'on songe à ce qu'il valait. Et les
infamies recommencent, les calomnies mortelles,
les outrages de ceux-ci, la passive lâcheté de ceux-
là. C'est Perier aujourd'hui et Burdeau ; ce sera un
autre demain : et ainsi de suite, toujours, de récidives
en repentirs, de flétrissures en apothéoses, jusqu'à
la consommation des démocraties, et, pour tout
dire, de l'humanité elle-même.

On peut pardonner aux démagogues leurs utopies,
leurs mensonges, leurs basses complaisances pour
la foule ; ce que je ne leur pardonnerai jamais, ce
sont les forces brisées dont ils ont jonché le chemin
de l'histoire. Je ne leur en veux pas seulement du
mal immédiat qu'ils ont fait, quelque immense,
quelque irréparable qu'il soit ; mais de tout le bien
qu'ils ont empêché d'être, dont ils ont étouffé
l'éclosion, dont ils ont misérablement privé la
République et la patrie.

Quand ils ont assassiné Gambetta sous l'accusation imbécile de dictature, et Ferry sous le nom,
aujourd'hui déjà glorieux, de Tonkinois, ces deux

frères d'armes avaient précisément acquis, l'un et l'autre, la pleine possession de leur génie. Ceux qui ont été, comme moi, les compagnons de la disgrâce et de l'infortune de ces deux grands citoyens le savent bien : jamais leur intelligence n'a été plus claire, plus robuste, plus forte, plus libre, plus dégagée des scories inévitables de l'inexpérience, qu'à l'heure même où l'ostracisme des foules ou des assemblées les frappait d'un coup mortel. Ah ! oui, on leur élève aujourd'hui des statues de bronze et de marbre ; mais ces statues sont muettes. C'était l'homme en chair et en os, c'était l'homme vivant qu'il fallait, sinon glorifier, du moins employer pour le bien public ; et on l'a tué !

Il n'en faut pas moins continuer, grands ou petits, forts ou faibles, pourvu qu'on ait quelque chose là, sous la poitrine, à donner au peuple, parce qu'il est la France, toute sa vie.

# LE MAL DÉMOCRATIQUE

14 décembre 1894.

La nature souveraine crée et détruit toutes choses avec la même impassibilité indifférente ; mais si elle ne fauche pas autrement les hommes par la mort que les forêts par la tempête, l'espèce humaine, depuis dix mille ans qu'elle devrait connaître cet aveuglement, ne s'y est pas résignée. Le besoin de justice est ancré si profondément aux sources mystérieuses de l'âme que nous nous révoltons encore, comme au premier jour, contre les coups qui frappent ceux que nous aimons, ceux dont nous attendions le plus pour les causes qui nous sont chères et pour la patrie. Ce n'est pas la nature, hélas ! qu'il faut accuser ; ceux qu'il nous faut maudire, ce sont ceux qui, impuissants pour le bien, ne savent que l'aider dans ses œuvres de destruction. Nous construisons des serres chaudes pour les orchidées ; mais les âmes d'élite, fleurs de beauté intellectuelle et morale cent fois plus délicates, qui les abrite ?

S'il était un homme dont, hier encore, la démocratie française avait le droit d'être fière, c'est

8

celui qui vient de mourir (1). Il sortait des couches les plus humbles du peuple ; fils de canut, il avait été, tout enfant, ouvrier lui-même ; il n'avait dû les bienfaits de l'instruction qu'à la générosité de cette noble ville de Lyon, qui eut pour lui la sollicitude d'une mère. A dix-neuf ans, élève de l'École normale, fils aîné de veuve, il prend sa place au danger, s'enrôle aux premières défaites, est blessé sur le champ de bataille et fait prisonnier, s'échappe, est repris, s'échappe de nouveau et reprend la lutte. Et toute sa vie, si courte et si pleine, est digne de cet admirable début que Waldeck-Rousseau a raconté avec une si belle émotion dans sa plaidoirie du 14 juin 1892. Professeur de philosophie, il a sa place tout de suite au premier rang parmi les maîtres ; dans les assemblées, son éloquence, claire et limpide, vraiment attique, charme et conquiert les auditeurs les plus rebelles ; travailleur infatigable, il s'assimile, avec une égale aisance, les questions de finance les plus ardues et les questions si complexes de la marine et de la guerre ; il s'élève tous les jours, sans avoir été mêlé pendant une heure à aucune intrigue, par la seule force de son intelligence et de son savoir ; et plus il monte, plus il devient compréhensif de toutes choses. Quel jeune

(1) Burdeau, mort le 11 décembre 1894.

homme n'est pas un peu sectaire ! Il faudrait plaindre celui que la passion naissante ne rendrait pas d'abord exclusif. Mais sa vue s'étend, son horizon s'élargit ; sa politique est plus qu'une science, elle est une philosophie. On peut citer, chez d'autres hommes d'État, des ascensions aussi magnifiques vers toujours plus de lumière ; je n'en connais pas qui ait été plus rapide. Il semblait qu'il eût le sentiment du peu de temps qui lui était accordé pour atteindre les sommets — je n'entends pas ceux du pouvoir — d'où l'intelligence, dégagée, libre et forte, s'épanouit dans la vérité comme dans son atmosphère naturelle. Il est mort sur cette cîme où M. le président de la République a pieusement recueilli sa dernière pensée.

Le peu de jours que la nature avait accordés à la frêle enveloppe de cette belle âme, la méchanceté de l'homme l'a encore abrégé. D'abominables accusations ne cessèrent pas, même après la condamnation du calomniateur, de poursuivre Burdeau. On verra demain, quand on fera son inventaire, à quel chiffre prodigieux se sont montées ses rapines de tous genres ! Burdeau meurt pauvre, comme il a vécu, et sans la pension que les Chambres voteront à sa veuve, à titre de récompense nationale, elle serait sans ressources pour élever ses enfants. Mais quoi ! le but poursuivi n'a-t-il pas été atteint ? Burdeau n'a-t-il pas été frappé au

cœur ? Il avait beau, en effet, être sûr de sa conscience, être fort autant que probe, et courageux
autant que bon : il était homme, il n'était pas de
bronze, et ce délicat organisme n'avait pu résister
à la sauvagerie savante des haines qui s'acharnaient
contre lui. Son intelligence s'éclairait davantage
tous les jours, mais quelque chose de profond
s'était brisé en lui. Il ne faut croire qu'aux
idées, mais il est bon de croire aux hommes. Il y
avait cru, il souffrait d'en être détrompé. Le
mépris n'est qu'un consolateur : les diffamations,
les injures, les allusions vénéneuses n'ont jamais
laissé personne insensible ; à Burdeau, elles faisaient
matériellement, physiquement mal. Et la meute qui
le savait, redoublait avec la férocité cauteleuse et
tenace des Canaques anthropophages. L'un de ses
adversaires les plus implacables en fait l'aveu :
« S'il faillit, il expia ; ceux qui l'ont observé, pendant certaines des séances où se discuta la loi
scélérate, le comprendront. » Il n'avait point failli,
mais il expia tout de même. Ces choses-là se
voient.

J'avais intitulé mon dernier article : « Les forces
brisées » et j'ai encore dans l'oreille le ton plaintif
de la voix de Burdeau me disant, la dernière fois
que je causai avec lui : « Ah ! oui, les forces brisées,
vous ne savez pas combien vous avez raison ! » Je
pourrais donner à cet article le même titre — et,

dans l'avenir à combien d'autres encore ! Les démocraties grecque et italienne avaient déjà souffert du même mal : la fureur de détruire non seulement tout ce qui est élevé au-dessus du niveau commun par la naissance ou par la fortune, mais encore — et peut-être surtout — tout ce qui est sorti de leur sein pour s'élever dans la renommée et dans la gloire. Vous pouvez consulter toute l'histoire : jamais les défenseurs les plus acerbes, les plus violents des aristocraties et des pouvoirs héréditaires n'ont été maltraités par le peuple avec le même acharnement féroce que les fils les plus purs de la démocratie par leurs compagnons de la veille. Et la mort même ne désarme pas les haines : M. Maurice Barrès cisèle une suprême insulte devant le cercueil de celui dont il eût pu au moins se souvenir qu'il avait reçu des leçons de philosophie et de morale ; il se trouve plus de trente députés pour voter contre le projet de loi qui décerne au président Burdeau les obsèques nationales ! Et je me demande, devant cette tombe prématurée et dans ce nouveau deuil de la patrie, quand naîtra le Pasteur qui découvrira le bacille de cette maladie, plus terrible cent fois et plus mortelle que la peste, l'*invidia democratica*...

# FAGOTS ET FAGOTS

28 décembre 1894.

Sganarelle disait qu'il y a « fagots et fagots » ; il y a aussi, paraît-il, « ralliés et ralliés ».

Il y a d'abord les mauvais ralliés : ce sont les anciens royalistes qui, de faux conservateurs qu'ils ont été pendant quinze ou vingt ans de luttes contre la République, sont devenus enfin, dans le vrai sens du mot, conservateurs du régime que la France s'est librement donné ; ce sont ceux qui, loyalement et sans arrière-pensée, apportent leur concours aux idées de gouvernement, de progrès méthodique et rationnel, de tolérance pour tous et de justice ; ce sont ceux qui, ayant rompu avec les partis révolutionnaires de Monarchie ou d'Empire, combattent avec nous les partis révolutionnaires qui se revendiquent du souvenir sanglant de la Commune ; ce sont ceux dont les bulletins, à la Chambre, se mêlent le plus souvent avec les nôtres pour la défense de l'ordre et de la liberté, et dont l'alliance est, par conséquent, tout ce qu'il y a au monde de plus déshonorant. Ne pouvant nous résigner à fermer la porte de la Répu-

blique à ces hommes de bonne volonté et d'un sincère patriotisme, du coup nous avons mérité nous-
même d'être chassés de la République et d'être mis
au ban de la démocratie. Voilà les mauvais ralliés,
les faux ralliés, les détestables ralliés : ceux qui
ont fait adhésion à la République de Thiers qui
disait que la République serait conservatrice ou
qu'elle ne serait pas, à la République de Gambetta qui proclamait l'édit de Nantes des partis.

Voici maintenant les bons ralliés : ce sont les
anciens bonapartistes ou cléricaux qui, sautant à
pieds joints au-dessus de la majorité républicaine,
s'enrôlent sous les bannières du radicalisme et du socialisme et qui, fort naturellement d'ailleurs, ayant
passé les trois quarts de leur vie à glorifier le Deux-
Décembre, le Vingt-quatre-Mai et le Seize-Mai, fêtent
aujourd'hui le Dix-huit-Mars. Ces ralliés-là, malheur
à qui suspecte leur sincérité ; ils ne sont pas seulement respectables, ils sont sacrés et même *tabou ;*
et la *Petite République*, dont M. Millerand est le rédacteur en chef, n'a point assez de cordes à sa lyre
pour les célébrer. M. Thierry-Cazes, député du Gers,
n'est pas, comme on sait, l'un des chefs les moins considérables du socialisme ; il brille dans la pléiade
d'un éclat à peine moins vif que celui de MM. Jaurès,
Rouanet, Millerand, Viviani, Jules Guesde et Fa-
berot ; ses interventions à la tribune sont remar-
quées ; il tient, tout comme un autre, M. Casimir-

Perier pour un traître et M. Charles Dupuy pour
un félon ; il crie au besoin : « Vive la Commune ! »
comme un simple Thivrier ; il vote avec enthousiasme toutes les motions révolutionnaires ; il
signe tous les manifestes les plus violents, les plus
injurieux pour le chef de l'État. Or, voici ce que
M. Thierry-Cazes écrivait, il y a quelques jours à
peine, le 16 décembre, dans la *Petite République :*

« L'histoire s'extasie volontiers sur Michel Ney
« qui, né tonnelier, devint maréchal de France, et
« sur Murat, qui, né garçon d'écurie, devint roi.
« L'obscurité de leur point de départ leur est
« comptée comme un titre de plus à l'estime, et
« rehausse l'éclat du point d'arrivée. » De toutes les
échelles qui vont de l'ombre à la lumière, poursuit
Victor Hugo dans sa préface des *Odes et Ballades*, la
plus méritoire et la plus difficile à gravir, certes, c'est
celle-ci : être né aristocrate et royaliste et devenir
démocrate. Monter d'une échoppe à un palais,
c'est rare et beau, si vous voulez ; monter de l'erreur à la vérité, c'est plus rare et c'est plus
beau. En notre Gascogne fleurie, où l'histoire s'extasie sur Lannes, qui, né teinturier, devint maréchal de France, la démocratie socialiste du Gers a
salué avec joie l'ascension du faux au vrai de l'un
des plus jeunes et plus talentueux collaborateurs
de Paul de Cassagnac, de M. Paul Labordère.
L'ancien rédacteur en chef de l'organe bonapartiste,

l'*Appel au peuple*, est devenu le brillant collaborateur de la *Fraternité*, d'Auch, qui lutte avec une
rare vaillance pour le triomphe de la République
démocratique et sociale. Dans cette rude élévation
du faux au vrai, le citoyen Paul Labordère a
montré tant de loyauté, d'ardeur et de courage
qu'il a pu faire son entrée dans l'armée démocratique sous le patronage des meilleurs républicains
socialistes sans perdre une parcelle de l'estime de
ses anciens coreligionnaires. »

Ai-je besoin de dire que je ne trouve rien de plus
légitime que l'accolade donnée par M. Thierry-
Cazes, député du Gers, à M. Paul Labordère, et rien
de plus respectable, puisqu'elle est sincère, que la
conversion de l'ancien collaborateur de M. Paul de
Cassagnac aux idées de MM. Millerand et Jaurès ?
Je me permets seulement de demander en quoi la
thèse que M. Thierry-Cazes place sous le patronage
de Victor Hugo diffère de la nôtre. Il est entendu
qu'une porte doit être ouverte ou fermée. J'admets
parfaitement qu'on soutienne que celle de la République doit être fermée. Ce n'est pas mon opinion,
ce n'est pas celle de nombre de nos amis ; et, sans
doute, ce n'est pas celle non plus de quelques-uns
des membres les plus distingués du parti radical,
de M. Guyot-Dessaigne, par exemple. Mais c'est une
opinion, comme toutes les autres, qu'on peut sou-
tenir. Quand on estime, en revanche, que la porte

de la République, dont la clef, d'ailleurs, n'est
entre les mains de personne que je sache, doit être
ouverte, aujourd'hui, demain et toujours, à toutes
les bonnes volontés et à toutes les adhésions loyales,
il paraîtra peut-être un peu bizarre de prétendre
que cette porte, par où pénètre si allègrement
M. Labordère, doive se fermer impitoyablement
devant M. le prince d'Arenberg, M. de Vogüé ou
M. de Montfort. Il faut être logique, et il n'est pas
inutile d'être de bonne foi. Si la République doit
être accessible aux anciens bonapartistes qui se
convertissent au socialisme, elle doit l'être
également aux anciens royalistes qui font acte
d'adhésion à la Constitution. Si M. Thierry-Cazes
et ses amis collectivistes s'honorent de tenir sur
les fonts baptismaux un ancien collaborateur
de l'*Appel au peuple,* il s'ensuit que les républicains de gouvernement ne méritent pas d'être
excommuniés quand ils tendent la main à d'autres
ralliés dont le seul défaut est de n'être pas socialistes. Ce qui est vérité au delà du Gers ne peut
être mensonge en deçà.

Quand les grands prêtres du radicalisme, du socialisme et du collectivisme nous accusaient récemment de trahir la République parce que nous ne
repoussions pas les concours qui nous étaient ap-
portés par d'anciens monarchistes désabusés, la
plupart d'entre nous se contentaient de hausser les

épaules ; d'autres se fàchaient. Il suffira désormais de sortir de nos tiroirs l'article de M. Thierry-Cazes avec la belle épigraphe de celui qui fut, lui aussi, un rallié, du plus glorieux des ralliés : Victor Hugo.

# POLICE ET SURETÉ GÉNÉRALE

1<sup>er</sup> janvier 1895.

S'il est une fonction qui appartienne essentiellement à l'État, même sous un régime de décentralisation, c'est celle de la police. La France est le plus centralisé des pays libres ; la police y est attribuée aux communes.

On sait comment s'est réalisé, et presque sans y prendre garde, cet invraisemblable paradoxe. Quand le législateur de 1882 et de 1884 a donné aux conseils municipaux la nomination des maires, il a transmis en bloc aux nouveaux magistrats électifs toutes les attributions des anciens maires qui, nommés par le pouvoir central, révocables par lui, étaient d'abord des fonctionnaires. Or, comme « les objets de police » étaient au premier rang de ces attributions, il en est résulté que, du soir au matin, il n'y a plus eu en France, sauf à Paris et à Lyon, de police d'État.

Il était juste, bien que peut-être prématuré, de donner aux conseils municipaux, dès 1884, la nomination des maires. — Les conséquences immédiates de cette loi hâtive n'ont pas été étrangères

aux désastreuses élections de 1885. — Mais s'il
était légitime de rendre aux communes les attributions purement municipales qui leur revenaient de
droit, il n'en allait pas de même des attributions
qui n'avaient été confiées aux maires, par la loi du
28 pluviôse an VIII, qu'en raison de leur qualité
de fonctionnaires ou d'agents de l'État. Tant que
les maires ont été nommés par le pouvoir central,
rien de mieux que de leur avoir laissé « tous les
objets de police », puisque la direction supérieure
de toutes les polices municipales restait à l'État. Du
jour où les maires allaient devenir exclusivement
les représentants de la commune, l'État aurait dû,
non pas reprendre, mais garder ce qui était à lui.
Ç'eût été simple, prudent, rationnel ; personne n'y
pensa. On fit un seul lot de toutes les attributions
des anciens maires ; on le passa aux maires élus.

Ce que la police départementale est devenue
depuis dix ans entre les mains des municipalités,
les statistiques criminelles nous l'apprennent :
32 p. 100 des affaires entrées dans les parquets ont
dû être abandonnées parce que les coupables n'ont
pu être découverts ; de 1886 à 1891, le nombre des
affaires dites impoursuivies a encore augmenté de
14 p. 100. On peut contester que l'augmentation,
plus alarmante de jour en jour, des crimes et des
délits doive être surtout attribuée à la désorganisation des services de la police ; il n'est pas niable

que l'impunité croissante des malfaiteurs et délin-
quants de toute espèce, dans la redoutable proportion d'environ un sur trois, ait une autre cause
que l'insuffisance de ces services. Non seulement le
maire élu a ses électeurs à ménager ; — les con-
traventions qui sont commises par les amis des
municipalités ont la propriété singulière de devenir
invisibles ; — mais nombre de polices locales sont
recrutées sans discernement ; nombre d'agents,
dépourvus d'instruction professionnelle, n'ont
d'autre titre que la faveur du parti politique qui a
momentanément le dessus, d'autres préoccupations
que de ne s'attirer aucune disgrâce, de ne pas se
créer « d'affaires ». Cela d'ailleurs, en temps de
calme, avec des municipalités dont la très grande
majorité est bien intentionnée ,raisonnable et sage.
Mais viennent des temps troublés, comme on n'en
a que trop connu ; que l'ordre matériel, comme
cela s'est vu, soit menacé de nouveau par l'émeute ;
que les municipalités révolutionnaires, comme
celles de Montluçon, de Saint-Ouen, comme celle
de Roubaix qui a fait de cette commune  l'asile
officiel des pires anarchistes, se multiplient : faut-
il dire ce que sera, ce jour-là entre les mains des
maires, la police des départements ? Ici les municipalités seront les complices du désordre ; là l'instrument rouillé sera sans force et se brisera au
premier choc... Chambre et gouvernement ont

légiféré pendant des années comme pour la République de Salente ou pour la cité des Oiseaux.

Nous avons donc, depuis 1884, deux polices : l'une, pour Paris et pour l'agglomération lyonnaise, qui est entre les mains de l'État ; l'autre, pour les départements, qui est faite par les maires. Si le pouvoir central, à Paris et à Lyon, n'a pas renoncé à ses droits ou, pour mieux parler, s'il ne s'y est pas dérobé à ses devoirs, c'est qu'apparemment en dehors des raisons de politique générale qu'il a fait valoir, il a pensé que la sûreté publique serait mieux garantie par lui, dans ces deux grandes villes, que par les municipalités. En quoi cependant la sécurité des habitants de Marseille, de Bordeaux et de Lille serait-elle moins précieuse que celle de la capitale ou de Lyon ? Les citoyens français étant tous égaux devant la loi, supportant partout les mêmes charges et étant soumis partout aux mêmes obligations, pourquoi le bénéfice d'une sécurité, qui est manifestement la première des garanties dues par l'État aux contribuables, est-il moins libéralement et moins fortement assuré aux uns qu'aux autres ?

Mais, dit-on, l'État n'a point renoncé à tous les droits de police et, si Paris a la préfecture de police, la direction de la sûreté générale préside à la police des départements. — La réponse à l'objection est malheureusement très simple ; selon le mot d'un ancien directeur de la sûreté qui n'est pas précisément suspect de modérantisme, il n'y a pas, il n'y a plus de sûreté générale. Il existe quelque part, dans un bureau du ministère de l'intérieur, un fonctionnaire qui porte le nom imposant de directeur de la sûreté ; mais, en dehors des commissaires spéciaux des chemins de fer, des frontières et des ports, qui a-t-il sous ses ordres? Il nomme ou, plutôt, il fait nommer par son ministre et par les préfets un certain nombre de commissaires de police départementaux et de commissaires centraux ; mais il se contente de les nommer et, parfois, de les déplacer ou de les révoquer. Par une de ces anomalies que nous appelons chinoiseries et que les Chinois pourraient appeler autrement, ces fonctionnaires, nommés par le gouvernement et révocables par lui, ne sont pas à sa disposition : payés sur les fonds communaux, ils sont placés sous les ordres des maires à qui ils adressent leurs rapports et de qui ils reçoivent leurs notes de service. Ainsi, non seulement les agents d'exécution qui étaient autrefois les maires de l'an VIII, échappent presque entièrement au pouvoir central, puisqu'il ne les nomme plus et qu'il ne peut les suspendre ou les révoquer que pour un temps fort limité ; mais les agents que le pouvoir central délègue auprès de ces maires lui échappent également, puisqu'ils sont soumis, dans

l'exercice de leurs fonctions, non pas au gouvernement qui les nomme, mais aux municipalités indépendantes qui les paient et de qui dépend leur
avancement.

Je conviens cependant que la sûreté générale se
manifeste quelquefois par une action plus directe :
c'est quand il s'agit de gêner, sinon de contrecarrer,
celle de la préfecture de police. Quelles que soient
les qualités professionnelles des agents de ces deux
services, le seul fait de la dualité de l'organisation
policière entraîne la rivalité et la jalousie. Alors
même que cette rivalité disparaîtrait, le temps seul
que l'une de ces administrations met à saisir l'autre
d'une affaire qu'elle a commencé à suivre, mais
qui, passées les frontières du département de la
Seine et de quelques communes de Seine-et-Oise,
ne lui appartient plus, ces quelques heures suffisent à faire perdre les pistes les plus utiles et à
ouvrir toutes larges aux malfaiteurs les mailles du
filet. La direction de la sûreté générale peut dire :
« Je gêne la préfecture, donc je suis. » Mais elle
n'existe pas autrement.

Quand on examine l'organisation de la police en
France, une seule constatation est faite pour surprendre : c'est que, dans un pareil dédale de
contre-sens et de non-sens, en l'absence de tout
lien essentiel de subordination hiérarchique et dans
la confusion des pouvoirs, elle fonctionne encore

comme elle fait. — La préfecture de police, notamment, toute paralysée qu'elle soit par le rattachement de quelques-uns de ses services à la préfecture de la Seine et par les liens budgétaires qui la rattachent au conseil municipal dont l'action dissolvante s'exerce, par un inévitable contre-coup, sur le recrutement de son personnel, la préfecture de police est restée un organisme vraiment admirable. — Quelles que soient cependant et la force acquise de ce qui subsiste des anciennes institutions et la vertu professionnelle des individus qui sont, à Paris ou en province, les gardiens de l'ordre, l'édifice a commencé à branler et l'on a entendu des craquements. L'asile ouvert par la municipalité socialiste de Roubaix à tous les révolutionnaires et à nombre d'autres malfaiteurs du Nord, l'incroyable incurie qui a permis à Caserio de préparer tranquillement à Cette l'assassinat du président Carnot, sont des symptômes qui ont ouvert les yeux aux moins clairvoyants. Il convient peut-être de ne pas attendre que les fissures se soient encore élargies et que le mal ait grandi. On annonce que M. le président du Conseil prépare un projet de réorganisation de la police, que le rapporteur du budget du ministère de l'intérieur se propose de porter la question devant la Chambre. En effet, l'expérience est suffisante et il n'y a plus de crimes à laisser commettre.

Où est le remède?

Si le mal est bien celui que nous avons indiqué, la dualité des services d'une part, et, de l'autre, la désorganisation inévitable entre les mains de municipalités sans direction et presque sans contrôle, le remède ne peut être que l'unification, — et l'unification, c'est la police d'État.

La commune française, à tort ou à raison, n'a le droit de choisir ni son instituteur, ni son conducteur des ponts, ni son agent-voyer, ni son juge de paix, ni son buraliste, ni son receveur des postes, ni ses facteurs, ni ses cantonniers. Qu'il s'agisse de l'instruction de ses enfants, de l'entretien de ses routes, de l'envoi et de la distribution de sa correspondance, du règlement de ses petites affaires litigieuses, la commune reçoit de l'État ou des délégués du pouvoir central tous ses fonctionnaires, qui, tous, sont placés entièrement, exclusivement, sous les ordres de leur chef hiérarchique. Facteurs, buralistes, conducteurs, instituteurs, juges de paix, autant d'armées régulièrement constituées, régulièrement hiérarchisées, recevant une seule impulsion, marchant sous un seul commandement. Mais qu'il s agisse de la police, c'est-à-dire de la sécurité même des citoyens, tout change. La vicinalité, la justice familiale de la conciliation, l'éducation, l'État français refuse de s'en dessaisir, il ne saurait en abandonner, à l'exemple de tant d'autres pays, la direction et la

responsabilité à la commune. Mais la police, c'est
une autre affaire : que le troupeau se garde lui-même !

De toutes les expériences de l'autonomie communale qu'il n'eût pas été déraisonnable de tenter,
le législateur s'est refusé à en essayer aucune. Il y
avait d'autre part une expérience qu'il ne fallait
pas tenter, qui ne pouvait l'être qu'au prix de la
sécurité même des citoyens, du maintien de l'ordre
public et du bon fonctionnement de la justice ;
c'est cette expérience-là qui a été faite, et d'ailleurs,
comme je l'ai montré, sans même l'idée préconçue
de la tenter, par voie de conséquence, parce que
les maires élus avaient reçu de la loi l'ensemble
des attributions de leurs prédécesseurs.

Il ne s'agit donc pas d'enlever aux municipalités
le droit légitime de nommer elles-mêmes leurs
maires ; il s'agit simplement de rendre à l'État ce
qui lui appartient, non pas en raison d'une doctrine abstraite de métaphysique politique, mais
parce que l'expérience vient de montrer une fois
de plus que l'État seul peut instituer la police sur
des bases solides ; la police est une armée, celle de
l'ordre ; elle ne peut pas être organisée autrement ;
elle réclame la même hiérarchie, la même unité de
direction.

Dans l'état actuel de notre police, qu'est-ce que
la sûreté générale ? — Rien. — Que doit-elle être ?
— Tout. Mais pour qu'elle soit quelque chose, il ne

suffit pas de la réunir à la préfecture de police, réunir à la préfecture de police la sûreté générale telle qu'elle est, c'est faire précéder, ce n'est pas faire suivre un chiffre d'un zéro. C'est par la base même qu'il faut reprendre l'institution.

En dehors de la voirie qui porte d'ailleurs fort improprement le nom de police, où est l'intérêt purement communal de la police? Prenez, l'une après l'autre, toutes les attributions que les articles 91, 92 et suivants de la loi du 5 avril 1884 confèrent ou confient aux maires, il n'en est pas une seule dont l'intérêt ne soit évidemment général, « non seulement parce que la commune est une fraction de l'État, mais encore à cause de l'action réciproque des communes l'une sur l'autre (1) ». Assurer le bon ordre, la sûreté et la tranquillité publique, la répression de toute atteinte qui y serait portée, l'exécution des lois et règlements, voilà la police dont le maire est chargé : quel intérêt est d'un caractère plus général que celui-là? Et quant à la démarcation entre la police proprement dite et la police prétendue locale, on la cherche depuis un siècle; mais, « soit *a priori*, soit même *a posteriori* », personne encore n'a réussi à la trouver. C'est l'un des doctrinaires les plus éloquents de la décentralisation, le duc Victor

(1) Maurice Block, *Revue politique et parlementaire*, octobre 1894.

9.

de Broglie, qui écrivait déjà dans ses *Vues sur le gouvernement de la France* : « Les conflits entre la police générale et la police locale deviendraient inévitables et journaliers si le droit de statuer en pareille matière par voie d'arrêtés ou de règlements était confié à deux autorités distinctes, indépendantes l'une de l'autre, et, par cela même, antagonistes. »

Le maire restant ce qu'il doit être, le mandataire et le représentant de tous les intérêts communaux, il faut donc lui enlever les attributions de police, qui ne pouvaient lui être confiées qu'en tant que fonctionnaire de l'État, et les remettre aux délégués du pouvoir central. Les cadres existent dans chaque département; la hiérarchie est toute prête. Le colonel de chaque légion de l'ordre est le préfet, ayant immédiatement au-dessous de lui le commissaire du chef-lieu ou commissaire central, les officiers et agents de police, les commissaires de police des chefs-lieux d'arrondissement et de canton, les inspecteurs, brigadiers, sous-brigadiers, agents ou gardes champêtres, tous nommés par le pouvoir central. Ce colonel, c'est à Paris le préfet de police; il n'y a, en somme, qu'à reproduire dans tous les départements, sauf sur un point, l'organisation de la police telle qu'elle fonctionne dans le département de la Seine. Comme les divers agents de la police ne doivent plus obéir qu'aux représentants

de l'État, ils devront être payés sur le budget
de l'État, les communes contribuant pour une
somme qui sera fixée tous les ans ; à peu de chose
près, ce sera une dépense égale à celle que les
communes font actuellement pour le même objet.
Seulement, au contraire de ce qui s'est passé à
Paris jusqu'à présent, ce ne sont point les fonds de
l'État qui sont versés sous forme d'abonnement à
la commune pour en ressortir avec le caractère de
fonds municipaux ; c'est la contribution des communes qui viendra, à Paris comme ailleurs, s'a-
jouter au budget de l'État. A Paris, comme dans
les départements, l'ancien principe que la police
appartient aux communes fait place au principe
nouveau de la police d'État. Le budget tout entier
de la police devient un budget d'État ; les dépenses
contributives des communes sont obligatoires, proportionnelles aux intérêts défendus et protégés.

Ces quatre-vingt-dix régiments ainsi constitués
seront placés sous les ordres du directeur de la
sûreté générale qui ne sera lui-même, sous tel
titre qu'on lui donnera, que le sous-secrétaire d'État
du ministre de l'intérieur pour la police. Il va de
soi que, pour soustraire la sûreté aux fluctuations
de la politique, ce fonctionnaire ne pourra faire
partie du Parlement.

On comprend qu'à l'exemple des écrivains et des
orateurs dont les idées, sur cette question, se rap-

prochent sensiblement des nôtres, notamment de
MM. Maurice Block, Francis Charmes et Albert
Guyon, on n'indique ici que les lignes générales
d'une réforme dont le détail devra être minutieu-
sement étudié. Ce qu'il importait de marquer,
c'est que la réforme serait d'ensemble ou qu'elle
serait vaine, inutile, peut-être même plus dangereuse que l'état actuel des choses. Nous entrons,
nous sommes entrés dans une ère où l'ordre social,
fondé par la Révolution, est gravement menacé.
Voulons-nous le défendre?

La police sera police d'État ou elle ne sera plus.

# LA PARTIE POUR LE TOUT



La manie de généraliser a sévi de tout temps dans les Assemblées. Quand nous discutions, il y a trois ans, le tarif des douanes, c'était toujours au nom de l'agriculture tout entière que les représentants de la betterave réclamaient des droits en faveur de cette plante intéressante, et c'était toujours au nom de toute l'industrie nationale qu'il leur était répondu.

Quand un interpellateur de droite a la bonne fortune de mettre la main sur un fonctionnaire infidèle, c'est l'administration républicaine tout entière qui est gangrenée et dont un ordre du jour énergique va réclamer l'épuration.

Qu'un des trois ou quatre évêques qui ont été nommés à leur siège par un ministre radical des cultes lance un mandement séditieux ou simplement maladroit, l'Extrême Gauche enveloppe aussitôt le clergé tout entier dans une même flétrissure et demande la dénonciation immédiate du Concordat.

La discussion de la motion tendant à l'élargissement de M. Gérault-Richard ne pouvait manquer de donner lieu à des manifestations de la même maladie. Ce député ayant été élu dimanche dernier par environ trois mille voix, ces trois mille suffrages sont devenus, du coup, par un miracle analogue à celui de la multiplication des pains, le suffrage universel tout entier. « Le suffrage universel a parlé! il faut s'incliner devant le suffrage universel! » Le gouvernement ni la majorité ne se sont laissé effrayer par cette fantasmagorie; ils ont refusé de prendre la partie pour le tout. Trois mille électeurs, c'est trois mille électeurs; ce n'est pas le suffrage universel. La volonté du tiers ou du quart d'un arrondissement électoral du département de la Seine, c'est la volonté d'un tiers ou d'un quart d'un arrondissement; ce n'est pas la volonté nationale. Et comme la souveraineté nationale réside, non dans la partie, mais dans le tout, la Chambre, qui représente, elle, de moitié avec le Sénat, la souveraineté nationale, a décidé que force resterait à la loi.

Il est à désirer que la Chambre proteste le plus souvent possible contre les généralisations illégitimes et hâtives qui sont l'un des traits caractéristiques de l'éloquence révolutionnaire et de la politique socialiste. Quand on discute, par exemple, les questions ouvrières, les députés socialistes proclament toujours qu'ils parlent au nom des ouvriers et des travailleurs; et il est arrivé parfois que ces déclamations produisaient quelque effet sur l'esprit de l'Assemblée.

Il est parfaitement certain que les députés socialistes sont élus par une majorité d'ouvriers et que, dans la mesure où des députés parlent au nom de leurs électeurs, ils parlent au nom des ouvriers qui les ont nommés. Mais il n'y a pas que les députés socialistes qui ont été élus par des travailleurs; il n'y a pas un député dont les électeurs ne soient, pour la très grande majorité, des ouvriers, ouvriers des villes ou travailleurs des campagnes; et ces électeurs-là ont peut-être aussi le droit qu'on les compte. J'entends que les ouvriers qui votent pour des députés simplement républicains ou même comme cela se produit encore assez souvent, pour des députés conservateurs ou réactionnaires, j'entends que ces ouvriers ne comprennent pas bien leurs intérêts et que les seuls qui en aient l'intelligence, ce sont ceux qui donnent leurs voix à des socialistes. Mais ces travailleurs qui ne votent pas pour des socialistes, ce sont cependant, eux aussi, des ouvriers et non des patrons; c'est même la majorité, et une assez forte majorité, des ouvriers des villes; et, par conséquent, il ne saurait être permis aux députés socialistes de prétendre qu'ils parlent, eux seuls, au nom des travailleurs.

Le propre du démagogue, c'est de faire parler le peuple. Cléon ne dira jamais: « Je pense qu'il faudrait prendre telle mesure; je crois qu'il serait utile de voter telle loi. » Mais il s'écrie : « Le peuple

veut, le peuple ordonne que vous fassiez telle
chose ! » Dès qu'un orateur, ou même un simple
journaliste, le prend sur ce ton, défiez-vous! Rien
qu'à l'emploi de cette formule, vous pouvez être assuré que l'opinion presque unanime du pays est
diamétralement contraire à celle qu'il exprime avec
ce beau fracas. Il est possible que son avis soit
partagé par les fidèles de deux ou trois estaminets.
Encore n'est-ce pas certain. Quand on commence
à faire parler le peuple, on trouve toujours quelqu'un
qui le fait parler plus haut et qui a reçu mission
plus spéciale de proclamer ses confidences.

Il faut toujours respecter le droit des minorités ;
mais les minorités ne sont que les minorités et la
majorité d'une Chambre librement élue, c'est la
majorité du pays lui-même — ou l'arithmétique
n'est qu'un vain mot.

# LE SILENCE DU PAYS

25 janvier 1895.

Les événements se précipitent et, comme les vagues pendant la tempête, croulent sans interruption les uns sur les autres. Cette rapidité dans la succession des événements est l'un des signes connus des époques révolutionnaires. Parce que l'on ne tire pas des coups de fusil dans les rues et qu'on n'y construit pas de barricades, les Pangloss de la politique doutent encore que la crise révolutionnaire a commencé. Elle a commencé cependant il y a plus d'un an, le jour où le parti collectiviste a pu, du haut de la tribune, jeter sa déclaration de guerre à la société. Elle n'a pas cessé de se développer, malgré les défaites passagères, vite suivies des offensives les plus hardies. Elle grandit à cette heure de toute l'indécision de ceux qui, étant aujourd'hui encore l'immense majorité du pays, ayant pour eux la raison saine et le droit, ne savent résister que par à-coups, n'osent jamais porter l'attaque chez l'ennemi et s'imaginent qu'ils apaiseront par des concessions de détail ceux qui demandent tout et qui, favorisés par le succès, auraient vraiment bien tort de se contenter à moins.

Nous avons appris sur les bancs du collège à mépriser les docteurs byzantins qui discutaient sur la lumière du Thabor, pendant que le bélier turc frappait aux portes de la ville. Qu'on nous ramène à ces docteurs ! Au moins, quand le barbare eut franchi les murs d'enceinte, surent-ils élever leur drapeau et se serrer autour de la croix. Nous, alors que l'ennemi a pénétré depuis longtemps par la brèche, de quoi continuons-nous à disputer ? De la concentration ! Et il a fallu huit jours pour que les pontifes reconnussent qu'il n'y avait décidément pas moyen de marier le lapin avec la carpe, que la concentration est une bêtise...

On dit : Mais le pays reste tranquille ! L'hiver dernier, il ne se passait point de mois qu'une bombe chargée à mitraille n'éclatât dans quelque lieu public ; il a continué à vaquer à ses affaires. L'été dernier, un président de la République, qui portait l'un des plus grands noms de la Révolution, est tombé sous le coup de couteau d'un anarchiste : les paysans ont rentré tranquillement leurs récoltes et les bourgeois sont allés aux bains de mer. La semaine dernière, un autre président de la République, qui porte l'un des plus grands noms du régime parlementaire, s'est abattu sous le vent des outrages et des injures socialistes : la rente a baissé à peine et les salles de spectacle n'ont point

désempli. — Oui, cela est vrai, mais cela précisément est grave. Ce qui effrayait Pascal, c'était le
silence éternel des grands espaces. Ce qui devrait
faire réfléchir ceux qui en sont encore capables,
c'est ce silence du pays, d'un grand pays. Ceux qui
ne sont pas tout à fait ignorants de l'histoire et pour
qui toutes les leçons du passé n'ont point été entièrement perdues savent ce que signifie ce silence.
Les prêtres, à quelque foi qu'ils appartiennent,
redoutent par-dessus tout l'indifférence en matière
religieuse; c'est la table rase où le premier venu,
prophète inspiré ou simple jongleur, élèvera sans
peine un nouvel autel vers lequel viendront aussitôt
les immenses processions des hommes qui ne peuvent pas plus vivre sans foi que sans pain. L'indifférence en matière politique n'est pas un moindre
danger; elle aussi, elle est une table rase où un
autre construira.

Soit! mais où est le général? où est le prince?
Je veux croire que le général n'existe pas et je ne
connais pas le prince, bien que la dernière lettre
du duc d'Orléans ne soit point du tout un document
négligeable. Se fût-il borné à la signer, cela ne
serait point si banal; cela prouverait déjà qu'il a
jugé ceux qui poussèrent son père dans l'aventure
boulangiste. S'il l'a écrite de lui-même, comme je
crois le savoir, de sa propre inspiration, sans consulter personne, je dis qu'il y a là quelqu'un. Depuis

qu'il y a de par le monde des maîtres et des laquais,
la plus sûre manière de faire sa cour aux maîtres du
jour est d'affecter de mépriser leurs adversaires
j'ai le malheur de ne point être né courtisan et je
prends date pour avertir les républicains. Mais alors
même que le duc d'Orléans ne serait point celui
qu'il paraît être et qu'aucun cerveau de caporal ne
serait plus hanté par le rêve des popularités politiques, le péril resterait le même. Ce n'est pas
l'organe qui crée le besoin ; c'est le besoin qui crée
l'organe. Or, ce pays, comme tous les pays, depuis
le commencement de l'histoire, a besoin, pour travailler et pour vivre, de stabilité et de paix. Nous
lui avions promis la stabilité ministérielle ; on n'a
même pas su lui assurer la stabilité présidentielle.
Nous lui avions promis la paix : quel est donc le
vent qui vient de la montagne socialiste si ce n'est
celui de la guerre civile ?

Eh bien, je dis qu'il faut prendre garde. Et, sans
doute, si presque tout a été compromis, rien encore
n'est perdu. Non, certes, rien n'est perdu à cette
heure où, malgré tant de lourdes fautes accumulées,
la République voit encore venir à elle tous les jours
ces jeunes générations et tant de légions nouvelles.
Qu'il surgisse parmi nous une volonté, une volonté
ferme et réfléchie, un esprit clair, un cœur chaud,
et jamais, au contraire, le moment n'aura été plus
favorable, précisément à cause du péril qui presse,

pour réaliser, par l'union de tous les hommes d'ordre, de tous les libéraux et de tous les patriotes, la belle et forte République de nos rêves d'antan. Mais ce moment, il faut le saisir, il faut le saisir vite, très vite, et celui-là seul le saisira qui aura su d'abord regarder en face les dangers dont le cercle se rapproche davantage à chaque heure qui sonne. Aucun peuple ne tombe, aucun peuple ne se relève plus rapidement que le nôtre ; il ne demande qu'à rebondir, qu'à repartir en avant, d'un pas alerte et ferme. Mais hâtez-vous de lui tendre la main ! Républicains, ô républicains, prenez garde au silence du pays !

# LA POLITIQUE

8 février 1895.

C'est une observation, vieille comme les sociétés humaines, que personne ne se risquerait à découper un morceau de cuir pour en faire une chaussure sans avoir été apprenti cordonnier, mais qu'on peut compter sur les doigts de la main ceux qui, sans avoir étudié la politique, hésiteraient à rédiger un projet de Constitution et à gouverner un grand pays.

La politique est à la fois un art et une science, — le plus difficile des arts, parce qu'il opère sur l'homme même ; la plus difficile des sciences, parce que la sagacité de l'observation n'y suffit pas et que la prévision y est obligatoire ; — mais il est entendu que tout le monde sait la politique d'intuition, et comme en naissant, et qu'un mandat rend propre à tous les emplois.

Cette maladie n'est pas plus spéciale aux monarchies qu'aux Républiques, aux démocraties qu'aux aristocraties, aux races anglo-saxonnes qu'aux races latines, aux temps modernes qu'à l'antiquité : c'est une illusion chronique de l'espèce humaine ; elle a sévi dès le commencement de l'histoire ; elle sévira jusqu'à la consommation des siècles. Mais il y a des pays où elle est plus particulièrement aiguë et des époques où elle est plus particulièrement dangereuse.

On apprend l'agronomie à l'École de Grignon, l'horlogerie à l'École de Cluses, la peinture à l'École des Beaux-Arts et l'archéologie à l'École d'Athènes : où apprend-on la politique ? L'éminent fondateur de l'École libre des sciences politiques, M. Boutmy, ne répondra pas, j'en suis assuré, que c'est exclusivement dans l'admirable institution qu'il a fondée. En effet, on peut connaître à merveille l'histoire, la diplomatie, l'économie politique et sociale, les finances et la géographie sans savoir encore l'art de conduire les hommes. Mais il est indispensable, cependant, pour savoir la politique de connaître d'abord la géographie, les finances, l'économie politique et sociale, la diplomatie et l'histoire. C'est une vérité qui paraît élémentaire, mais c'est précisément parce qu'elle est élémentaire qu'elle a été si souvent négligée.

L'un des crimes « classiques » de Louis XIV est d'avoir confié le commandement des armées à Chamillard parce qu'il jouait au billard avec beaucoup d'habileté, de grâce et d'adresse. Croit-on que l'erreur soit moins fâcheuse qui consiste à penser que le « talent » suffit à tout ? Le talent de parler et le talent d'écrire sont nécessaires à

l'homme d'État ; mais ce n'est ni le talent d'écrire
ni le talent de parler, ni même la réunion de ces
deux talents qui font qu'on est apte à gouverner ses
concitoyens et à diriger les affaires d'un pays. Il
paraît évident que bien jouer au billard et même
aux échecs, c'est un talent ; mais que ce n'est pas
le même talent qui est nécessaire pour commander
des armées. Philidor aurait rendu la tour et le fou
à Napoléon, mais il n'aurait pas gagné la bataille
d'Austerlitz. Il est encore plus certain, bien que cela
paraisse moins manifeste, que le talent d'écrire ou
celui de parler, ou même le talent « tout court »,
ce n'est pas encore, ce n'est pas du tout le talent
qui est nécessaire pour conduire la politique. Cette
vérité, qui a fini, tant elle a été méconnue, par prendre l'apparence d'un paradoxe, n'est d'ailleurs pas
nouvelle ; elle n'a été établie, pour la première fois,
que par Socrate, qui n'aurait point donné sa voix
à Gorgias pour être archonte ou stratège.

Dans le très beau discours qu'il vient de prononcer
à Lyon, M. Waldeck-Rousseau s'est appliqué à démontrer que gouverner, c'est surtout vouloir. C'est
en effet, l'absence de volonté qu'on trouve, depuis
quinze ans, à l'origine de toutes nos crises. Le pays,
d'autre part, éprouve un besoin si profond de sentir une volonté chez ceux qui ont la responsabilité
du pouvoir, qu'il n'en a pas plutôt aperçu une lueur
chez un ministre de passage, qu'il l'entoure aussitôt

d'une touchante espérance, qu'il l'acclame et qu'il en fait un grand homme. On parle beaucoup et avec raison, de la nécessité de restaurer l'autorité ; la restauration la plus pressante, c'est celle de la volonté chez les gouvernants. Il vaut assurément mieux vouloir de bonnes que de mauvaises choses ; mais ce qu'il y a de pis, ô mes amis modérés ! Girondins — sans Mme Roland — que vous êtes, c'est de vouloir à demi de bonnes choses : il n'y a point de plus sûr moyen de préparer le succès du mal sur toute la ligne.

Je ne crois pas être suspect d'indulgence pour le parti socialiste ; mais il faut lui rendre cette justice que, ce qu'il veut, il le veut fortement. Il veut la destruction de la société qui est issue de la Révolution, et il ne perd point ce but de vue pendant une minute ; il n'y a pas un de ses actes, pas un de ses discours, une seule de ses innombrables calomnies et de ses innombrables injures qui ne tendent à ce but. Cette ténacité, cet esprit de suite, cette volonté implacable ont été et sont, pour les trois quarts, dans le succès croissant des socialistes. Leurs doctrines sont odieuses ou folles, leurs chefs sont pleins de haine et de fiel, leurs moyens d'action sont détestables ; mais on sent chez eux une volonté et les hommes s'en vont vers la volonté comme le fer vers l'aimant, par une attraction irrésistible. Opposez à leur volonté une volonté plus forte, plus puissante ; c'est à vous, qui êtes les serviteurs de la bonne cause, que reviendront aussiôt ces masses que l'on égare, qu'on trompe et qu'on perd.

Il faut cesser de vivre au jour la journée ; il faut savoir où l'on veut aller. Le vaisseau, autrefois, a été si fortement construit qu'il flotte toujours à travers vents et marées. S'il heurte parfois aux récifs, c'est tout juste pour en recevoir une éraflure et pour réveiller, pendant un instant, le pilote qui dort au gouvernail, pour distraire de leurs querelles, pendant une heure, les matelots qui se disputent. Mais quoi ! parce que la France a toujours donné raison à ceux qui avaient foi en elle, est-ce une raison pour s'abandonner au destin ? Vraiment, la vague devient trop haute et trop noirs sont les nuages qui montent à l'horizon. Pour n'avoir pas dissimulé l'autre jour, à cette place, l'étendue du péril, j'ai été traité assez vivement de réactionnaire, et, je crois même, ce qui est tout à fait affreux, d'orléaniste : cela ne fait qu'une fois de plus. — J'observerai seulement que la vigie qui signale l'écueil n'en est pas précisément le complice.

# SOCIALISME ET CHARITÉ

22 février 1895.

L'une des preuves que les intérêts commencent
à s'alarmer, c'est que le socialisme a passé de mode
dans les salons. Il était tout à fait inélégant, il y a
quelques années, de n'être point socialiste; — « ils
et elles » n'avaient pas la moindre idée de ce que
c'est; mais « elles » avaient ramassé quelques
jolies phrases dans les Revues, « ils » les répétaient
pour leur plaire, et quiconque risquait une objection était réputé de médiocre compagnie. Le même
babil inconsidéré avait rempli, il y a plus d'un
siècle, à la veille de la tempête révolutionnaire, la
même grande volière parisienne. Horace Walpole,
qui avait l'habitude de prévoir les conséquences,
n'en croyait pas ses oreilles : « Il faut d'abord,
écrit-il, que nos bonnes gens mettent par terre Dieu
et le roi ; tous et chacun, hommes et femmes, s'em-
ploient en conscience à la démolition. Ils ne raisonnent pas, mais ils disent Oui à toutes les énor-
mités, parce que c'est de bon ton. » Une seule
femme avait osé désapprouver ce marivaudage
avec l'Ogre ; elle déclarait n'en pas vouloir aux

assaillants de donner l'assaut, elle prétendait seulement que ce n'était point le métier des assiégés de leur jeter par-dessus les murailles les clefs de la porte et de leur tendre des échelles. On l'écouta avec étonnement ; « mais elle avait de si beaux yeux, si profonds et si limpides, que tout lui était permis, même d'avoir du bon sens ».

Il n'est jamais prudent de jouer avec le feu, et c'est déjà quelque chose que d'avoir renoncé à cette distraction. Il n'est pas indifférent que M. de Mun proteste contre ce vocable : « Socialisme chrétien » et que M. de Vogüé, à causer avec M. Fabérot, se soit déplumé de quelques illusions. Pourtant, cela ne suffit pas ; il ne suffit pas de ne plus flirter avec le socialisme et de lui opposer des refus qui ne seront jamais assez catégoriques. Il faut encore autre chose ; il faut enlever au socialisme non pas sa raison d'être, qui est l'esprit de guerre civile et la fureur de détruire, mais ce qui lui sert de prétexte. Le collectivisme vit presque exclusivement de l'exploitation de la misère ; c'est la misère qui recrute pour lui ses troupes les plus redoutables et les plus nombreuses ; c'est le spectacle de la misère qui donne à ses pires utopies une apparence de justice ; et, dès lors, c'est la lutte contre la misère qu'il nous faut poursuivre avec une ardeur toujours nouvelle. Opposons l'amour à la haine. La haine, c'est l'ensemble des propositions insensées qui ne tendent qu'à spolier ceux qui possèdent et des déclamations criminelles qui réveillent l'atroce guerre des classes ; l'amour, c'est le développement de la charité privée et l'organisation rationnelle et méthodique de l'assistance.

Ce n'est pas que j'ignore les doctrines et les arguments des deux écoles qui, pour des raisons diverses et même contraires, sont également hostiles, soit à l'assistance privée, soit à l'assistance par l'État, soit à toutes deux.

Il y a d'abord une certaine école économiste, celle que l'on a appelée l'école dure; dès que l'État intervient dans la cure de la misère, elle crie, en se voilant la face : « Voilà le socialisme d'État ! » et sa science froide va jusqu'à condamner l'assistance directe dans sa forme première, l'assistance au jour le jour, l'aumône. C'est cette école qui prend à son compte la fameuse phrase de Spencer, l'une des plus cruelles qui aient jamais été imprimées : « La pauvreté des incapables, la détresse des impuissants, l'élimination des paresseux et cette poussée des forts qui met de côté les faibles sont les résultats nécessaires d'une loi générale, éclairée et bienfaisante. » Volontiers, elle demanderait le retour à l'ordonnance royale de 1700 qui frappait d'une amende de 50 livres toute personne qui avait fait l'aumône à un mendiant. — Et, de même que cette école économiste condamne l'aumône

10.

sous prétexte qu'elle aide nécessairement à faire
des paresseux et des oisifs, une certaine école
socialiste condamne à son tour l'assistance, publique ou privée, parce qu'elle gêne le recrutement
de ses soldats. Un jour que Mme Séverine faisait
la charité à un malheureux : « Vous avez tort, lui
dit un de ses collaborateurs les plus éminents du
*Cri du Peuple. —* Comment, j'ai tort, mais il meurt
de faim ! — Vous l'empêchez, réplique le doctri-
naire du socialisme, vous l'empêchez, de devenir un
révolté. » C'est Mme Séverine qui a raconté elle-
même cette anecdote significative. Eh bien, il vaut
mieux que cent aumônes s'égarent que de laisser
une vraie misère sans secours, et il faut chercher
à tarir le recrutement des révoltés.

Existe-t-il un remède unique, une panacée ?
Daus un livre à qui j'emprunte précisément le titre
de cet article, l'un des hommes qui étudient, depuis
plusieurs années, avec le plus d'attention et avec le
plus de cœur, ces douloureux et passionnants problèmes, M. le comte d'Haussonville fait à cette
question une réponse qui est excellente de tous
points : « La recherche *du* remède, écrit-il, détourne
de la recherche *des* remèdes, ce qui est chose toute
différente. La poursuite du remède n'est pas seulement chimérique, elle est dangereuse. Elle aboutit
toujours, en effet, à demander à l'État d'intervenir
arbitrairement à coups de lois et de décrets pour

préparer l'avènement de l'égalité sociale. Or, pousser l'État, comme c'est aujourd'hui la tendance, à engager la lutte avec la fatalité des lois économiques est le plus sûr moyen d'aggraver les souffrances qu'on veut soulager, car la nature des choses, lorsqu'on lui fait passagèrement obstacle, a des retours imprévus et de terribles revanches. »

C'est donc à la recherche, non pas d'une panacée impossible, mais des remèdes qu'il faut s'appliquer — et il y en a beaucoup. Il est nécessaire qu'une revision sévère de notre législation civile et financière délivre la bienfaisance privée des entraves qui la paralysent et des charges qui l'oppriment. Il est nécessaire que cette bienfaisance elle-même se crée une méthode, car si la charité est un élan du cœur, l'assistance est une science. Il est nécessaire, enfin, que l'assistance publique, celle de l'État comme celle des communes, étende son champ d'opérations et ait le courage de demander à « la richesse acquise » des ressources nouvelles. Et tout cela évidemment ne se fera pas en un jour. On a beaucoup fait depuis un siècle, on a fait beaucoup depuis quelques années pour développer l'assistance, et il y a une injustice vraiment odieuse à méconnaître tant de généreux et féconds efforts. Mais, il reste beaucoup à faire et il serait dangereux de s'arrêter dans la contemplation de l'œuvre accomplie.

Je ne crois guère à la durée de la trêve qu'on
célèbre depuis quelques jours comme une victoire
et qui est surtout celle de la fatigue. Mais qu'elle se
prolonge ou non, le devoir reste le même. Alors
même que le socialisme n'existerait pas, le devoir
de la société issue de la Révolution serait d'acquitter
enfin, dans la mesure du possible, « cette dette
sacrée des secours à ceux qui souffrent » que proclamait l'Assemblée constituante. Et le socialisme
existe; nous n'avons pas besoin de l'inventer...

# FISCALITÉ SECTAIRE

8 mars 1895.

O Égalité ! que d'inégalités on commet en ton nom !

Les articles 4 et suivants de la loi de finances pour l'exercice 1895 frappent les associations religieuses d'une taxe annuelle et obligatoire de 30 centimes pour 100 francs sur la valeur brute de leurs biens.

Cette disposition réalise-t-elle l'objet que se propose, aux termes de l'exposé des motifs, le législateur : « établir au point de vue fiscal une juste égalité entre les associations religieuses de toute sorte et les sociétés ordinaires ? »

Si les mesures nouvelles réalisent cette égalité, il faut les voter. Je sais bien qu'en Angleterre et même en Amérique, le législateur a créé un régime de faveur pour les associations, laïques ou religieuses, qui se consacrent exclusivement à un objet charitable. Mais l'esprit même de notre législation est opposé à des mesures de ce genre ; notre démocratie, depuis la Révolution, poursuit avec une ardeur qui ne s'est que rarement démentie, la conquête de la

liberté ; mais sa passion dominante est celle de
l'égalité — je dirais volontiers de l'égalité mathé-
matique et géométrique — et l'égalité, si elle n'est
pas toute la justice, en est cependant l'une des
formes essentielles. Si ces dispositions, au contraire,
méconnaissent le principe d'égalité qui domine nos
lois, il ne s'agit pas de savoir si les associations
qu'elles visent sont composées d'amis ou d'adversaires de la République, c'est l'inégalité seule qu'il
faut considérer — et il faut repousser la loi.

L'article 4 de la loi de finances du 28 décembre
1880 frappait du droit dit d'accroissement les sociétés, quelles qu'elles fussent, qui réunissaient les
deux clauses de réversion et d'adjonction de nouveaux membres ; elle assujettissait à un droit équi-
valent à celui de mainmorte les sociétés qui échap-
paient à cette taxe ; elle ne distinguait pas entre
les sociétés de laïques et les congrégations ; la loi,
comme celle qui avait établi la taxe de mainmorte,
était une loi d'égalité ; elle était légitime et juste.

L'article 9 de la loi de finances du 29 décembre
1884 a étendu le droit d'accroissement à toutes les
congrégations. Cette extension a été le sujet de
nombreux débats. Les uns l'ont dénoncée comme
inique parce que, suivant eux, c'est l'être moral
qui est propriétaire dans ces sociétés. Les autres
l'ont défendue et fait triompher parce qu'ils
tiennent la personnalité civile pour une fiction. La

Cour de cassation, dans un arrêt célèbre (27 décembre 1889), a décidé que les congrégations autorisées doivent la taxe d'accroissement, mais elle a proclamé en même temps le caractère « spécial » de la loi.

« Le droit d'accroissement, dit l'arrêt, est dû par toutes les congrégations, communautés et associations religieuses, autorisées ou non autorisées, *à raison de ce seul fait qu'elles sont des congrégations, communautés ou associations religieuses, autorisées ou non autorisées.* »

Quand on entre dans la voie des lois d'exception, il est impossible de s'arrêter : ou bien on ouvre les yeux à l'esprit de justice, et alors il faut reculer vers l'égalité ; ou bien, on se pique de logique et alors l'inégalité, en avançant, fait boule de neige. C'est ce qui s'est produit avec le mode de perception multiple appliqué par le fisc au droit d'accroissement. Voici l'un des exemples que M. Clausel de Coussergues porta à la tribune :

Une congrégation reconnue, les Filles de la Charité, comprend dix mille personnes et possède 23 millions de biens qu'elle a été autorisée à acquérir ou à accepter. Cela fait, pour chacune et par tête, une somme de 2 300 francs. Que se passera-t-il en cas de décès ? Le fisc arrive et dit à la communauté : « Vous allez faire une déclaration à chacun des bureaux de l'enregistrement où vous

avez des maisons. Vous avez neuf cent une maisons ;
mais, comme dans plusieurs grandes villes, vous
avez plusieurs maisons dans le ressort du même
réseau, nous ne vous demanderons que huit cents
déclarations. En supposant ces déclarations au
*minimum* de 20 francs chacune ou inférieur à
20 francs, cela fait, en raison du taux de 11,25 p. 100,
2 fr. 25 sur chaque *minimum* de 20 francs, et, avec
les frais accessoires : déclaration sur une feuille
de papier timbré à 60 centimes, 2 fr. 85 pour chaque
bureau. Si vous multipliez maintenant cette somme
par huit cents bureaux, cela fait 2 280 francs pour
une succession fictive de 2 300 francs, soit
99 pour 100. Vous allez nous verser la totalité de
la succession et nous vous rendrons 20 francs. »

L'amendement de M. Clausel de Coussergues, qui
établissait la déclaration unique au siège principal,
ayant été repoussé par 313 voix contre 242 (dont
la mienne), on appliqua le mode de la perception
multiple — et il se trouva aussitôt que la prévision de
notre éminent ami était mathématiquement exacte.
Le fisc, à l'heure où j'écris, réclame 600 000 francs
d'arriérés aux Petites Sœurs des Pauvres...

C'est ce système, d'une iniquité par trop manifeste, que le gouvernement propose aujourd'hui de
rapporter ; mais quel est le système qu'il lui substitue ?

Il remplace le droit d'accroissement, non pas

pour toutes les sociétés, mais exclusivement pour les congrégations, par un droit de 30 centimes pour 100 francs sur la valeur brute des biens possédés.

Est-il juste de faire porter la taxe sur la valeur brute alors que tout le monde est d'accord pour déduire le passif dans le payement des droits de succession ?

Est-il juste de frapper les biens meubles et immeubles quand ils sont grevés d'une charge qui en absorbe les revenus au profit des indigents, des malades ou des enfants pauvres et alors que cette charge est constatée dans les décrets d'autorisation, ce qui exclut toute possibilité de fraude?

Il devrait suffire de poser ces questions. Mais, enfin, je me place sur le terrain même où se sont placés les auteurs du projet, celui de l'égalité à établir entre les associations religieuses de toutes sortes et les sociétés ordinaires. Eh bien, voyons l'égalité, la *juste* égalité. Voici un immeuble qui appartient à une association reconnue d'utilité publique, possédant un patrimoine légal, mais composée de laïques. — C'est la Ligue de l'enseignement, ou le Comité de bienfaisance israélite, ou l'Asile évangélique, ou l'orphelinat de Cempuis. — Que payera l'immeuble? La taxe de mainmorte : 0,12 p. 100. Mais l'association vend cet immeuble à une congrégation, c'est-à-dire à une association

de même espèce, de même genre, reconnue, elle
aussi, d'utilité publique, possédant un patrimoine
légal, mais composée de religieux ou de religieuses catholiques. Et alors que payera l'immeuble,
le même immeuble, dont la valeur n'a pas augmenté
d'un liard? Il payera, outre la taxe de mainmorte,
le droit d'abonnement, c'est-à-dire 0,12 p. 100,
plus 30 centimes, soit, au total, 0,42 p. 100; soit, à
peu de chose près, *quatre fois plus*.

Ainsi, par cela seul que des mains d'une société
composée de laïques, catholiques d'ailleurs ou
libres penseurs, protestants, juifs ou musulmans,
une maison, un hôpital, une école ou un simple
champ aura passé aux mains d'une société composée de religieux, cette maison, cet hôpital, cette
école ou ce champ payent 0,42 p. 100 au lieu de
0,12.

Si c'est là la juste égalité, que serait l'inégalité
injuste?

Il a été démontré par l'événement et reconnu
par l'administration elle-même, que le droit d'accroissement, avec le système de la perception multiple, conduisait tout droit à la confiscation; la
taxe d'abonnement sera, neuf fois sur dix, plus
lourde que le droit qu'elle remplace.

Vers 1867, quand les chefs et professeurs de
certaines congrégations cherchaient à se soustraire au service militaire : « Je n'ai jamais admis,

disait le ministre qui a été l'un des précurseurs de nos lois d'enseignement laïque, que deux ou trois aunes de drap gris ou noir dispensent un citoyen de payer sa dette à son pays. »

Les uns et les autres, quand il s'est agi de soumettre les séminaristes au service militaire, nous avons trop souvent cité cette forte parole de Victor Duruy pour avoir le droit de l'oublier. Or, de quoi s'agit-il aujourd'hui, sinon de faire payer à de certaines associations, précisément parce que les personnes qui les composent portent ces mêmes deux ou trois aunes de drap gris ou noir, le triple ou le quadruple de ce que payent des associations similaires qui sont composées de laïques? Parmi les congrégations menacées figurent et ces missions étrangères qui ont été, à travers l'Orient et l'Extrême-Orient les précurseurs et les apôtres les plus ardents de l'influence française — Gambetta le proclamait et Paul Bert, à peine débarqué au Tonkin, en faisait l'aveu — et ces admirables Petites Sœurs des Pauvres qui honorent, non pas seulement la France, mais l'humanité elle-même. Est-ce que, vraiment, le besoin se fait sentir et de réduire le budget de la misère, à cette heure où la misère tourne à la révolution sociale, et, nous-mêmes, à cette heure où tant de haines et de rivalités coalisées lui barrent la route, d'enrayer l'essor du nom français à travers le monde ?

Mais alors même que les congrégations visées
par la loi ne seraient composées que d'adversaires
de la République et d'ennemis de l'esprit moderne,
est-ce que l'inégalité fiscale s'en trouverait justifiée ou seulement atténuée ?

La loi qu'on nous propose est une loi de fiscalité
confessionnelle ; nous ne la voterons pas.

# LES « AVANCÉS »

22 mars 1895.

Les métaphores, qui encombrent le langage politique, ne tiennent pas seulement la place d'expressions claires, précises et nettes que tout le monde comprendrait de la même manière; mais elles faussent la politique elle-même. Quand Paul-Louis demandait au bon Dieu de nous en préserver, sa prière n'était pas seulement d'un écrivain délicat, mais aussi du plus avisé des politiques. Le ciel est naturellement resté sourd à cette prière qui était raisonnable.

On écrirait un volume, gros comme un rapport de la commission du budget, sur le mal qui a été fait par les métaphores ; que l'Académie des sciences morales et politiques ne met-elle ce sujet au concours ! La métaphore de la « Marche en avant » fournirait, à elle seule, matière à plus d'un chapitre ; il en est peu de plus trompeuses. Cette formule, une fois expulsée du dictionnaire, la rédaction de quelques professions de foi souffrirait, évidemment, des difficultés ; mais aussi, que d'équivoques supprimées du même coup, que de fantasmagories qui

s'évanouiraient, que de duperies et de piperies qui
seraient désormais impossibles !

Le but de la politique, comme celui de toutes les
sciences pratiques, est d'améliorer ce qui est. Cette
aspiration, cet effort constant vers le mieux, sinon
vers l'irréalisable perfection, c'est la noblesse
caractéristique de l'homme. Nous voulons ainsi,
dans le domaine de la politique, des lois toujours
plus justes, une répartition de plus en plus équitable des charges; une distribution toujours plus
libérale des avantages sociaux, la diffusion croissante des lumières, l'allégement de la misère, le
développement de l'esprit de prévoyance et de
solidarité. Mais existe-t-il un critérium infaillible
du mieux?

Il est assez clair que le mieux n'a point de pierre
de touche et n'en saurait avoir, parce qu'il n'est
point le même partout, ni toujours, dans tous les
pays, ni à toutes les époques. Le bien est absolu,
nous ne le connaissons pas; mais le mieux, que
nous poursuivons, est relatif. Quand donc on propose une mesure ou une loi quelconque, il faut
s'appliquer exclusivement à l'examiner en elle-
même. Le charme de la nouveauté est très grand ;
il a son origine dans l'éternelle inquiétude de notre
esprit. Mais la nouveauté n'est pas belle et bonne
par elle-même ; il y a juste autant de chances, *a
priori*, pour qu'elle soit bonne que mauvaise. C'est

seulement selon la nature des choses qu'il faut nous décider.

Ce n'est pas ainsi que procèdent les démagogues ; ils prennent ou font semblant de prendre le changement pour l'amélioration, — en effet, quelques-uns ne sont pas sincères et savent parfaitement à quoi s'en tenir, — et, par conséquent, toute stabilité, même en plein pays de Chanaan, leur est odieuse. Ils sont incapables de rester en place. On les a accusés d'avoir supprimé tous les saints ; c'est une erreur : ils ont conservé saint Guy.

Si vous vous refusez à vous payer de mots et cherchez à connaître les choses en elles-mêmes, ils haussent les épaules avec dédain et crient : « En avant ! » « Marcher en avant » est la *tarte à la crème* qui répond à tout ; cette métaphore remplace avec avantage, aux applaudissements des dupes et des complices, toute la science expérimentale.

Ne leur demandez pas vers où ils marchent, s'ils se sont assurés que la route n'est pas coupée de fondrières, s'ils ont quelque sujet de croire qu'ils ne quittent pas une terre fertile pour une lande ou pour un marécage : ils vous regarderont avec un peu plus de mépris et crieront de plus belle qu'ils marchent en avant. Ils imaginent ainsi le progrès comme une grande route toute droite, indéfinie. La grande affaire, quand la borne kilométrique n° 23 a été atteinte, c'est d'arriver à la borne n° 24. Vous leur direz, et vous prouveriez à tout autre, qu'on est mieux ici que là : ils iront quand même là ; ils sont des avancés et vous n'êtes que des réactionnaires.

Il n'y a pas de courbe plus sinueuse que celle de ce progrès dont les démagogues font une ligne droite. A moins de nier l'évidence, il n'est pas contestable que l'histoire est pleine de vérités qui ont été tour à tour découvertes et méconnues. La vérité n'est donc pas obligatoirement, forcément, devant nous ; elle est assez souvent derrière nous. Quand l'expérience démontre qu'on a fait fausse route et qu'on a quitté le vrai pour le faux, il n'y a, dès lors, aucune honte à revenir sur ses pas. Les métaphysiciens, qui, de l'un et de l'autre côté du Rhin, avaient commencé par déchirer la *Critique de la Raison pure*, n'ont éprouvé, un peu plus tard, aucun embarras à déclarer qu'il fallait revenir à Kant. Pourquoi n'en serait-il pas de la politique comme de la philosophie ? Il a fallu revenir à Kant : il faut revenir sans cesse aux principes de la Révolution. Si nous n'avions pas quitté le système de l'équilibre européen, qui était la politique de Richelieu, pour le prétendu principe des nationalités, qui était la politique des partis avancés, nous n'aurions pas perdu l'Alsace-Lorraine, Strasbourg et Metz.

Cette maladie de vouloir toujours paraître plus « avancé » que son voisin a toujours sévi dans les démocraties ; je crains qu'elle ne continue à faire beaucoup de mal à la nôtre. La conception du progrès rectiligne n'est qu'une métaphore ; mais cette métaphore obsède les meilleurs cerveaux et finit par en chasser les notions les plus élémentaires de justice, de tolérance et de bon sens. Je causais l'autre jour à la Chambre, avec l'un de nos hommes politiques les plus distingués, de l'affaire du droit d'accroissement, et, tout naturellement, je cherchais à le convaincre de l'injustice du projet qui était soumis à la Chambre : « Tout cela est vrai, me dit-il avec un soupir, mais que voulez-vous ? je ne puis pourtant pas me mettre à la droite de M. Casimir-Perier ! » Comme il est certain que de se trouver à la droite de M. Casimir-Perier est l'une des plus horribles perspectives qu'il se puisse imaginer, je compris qu'il n'y avait point à insister.

Je doute cependant, oserai-je le dire ? que le système qui se résumait naïvement dans cette phrase soit une politique bien solide. Je ne suis plus tout à fait assez jeune en politique pour n'avoir pas observé qu'il n'y a guère de sottises et même de lâchetés qu'on ne soit assuré de faire commettre à certains hommes en les menaçant de la flétrissante épithète de réactionnaires. Mais comme on finit toujours par se trouver à la droite de quelqu'un qui vous traitera tout de même de réactionnaire, j'ai observé aussi qu'il serait, en fin de compte, plus simple et certainement plus digne de traiter ces épouvantails à moineaux avec dédain et de s'en tenir tout de suite à ce qui paraît être le bon sens et l'équité. On peut ajourner, on n'évite jamais l'excommunication de la Gauche radicale et celle du café du Commerce.

# LA SCIENCE

5 avril 1895.

La Science, comme la religion, a son clergé, clergé séculier et clergé régulier ; — elle a ses évêques qui gardent le dépôt des vérités découvertes, ses prédicateurs qui sèment aux quatre vents le grain de la bonne parole, ses missionnaires qui bravent pour elle tous les périls, toutes les souffrances et la mort, ses simples vicaires qui sont les instituteurs : elle a aussi ses cordeliers qui jouent du bâton devant l'arche — et elle a aussi, hélas! ses cléricaux.

Lorsque Gambetta citait à la tribune de Versailles le mot, désormais fameux, de Peyrat : « Le cléricalisme, voilà l'ennemi ! » — ce qu'il dénonçait — il le dit assez haut et nous l'avons répété assez souvent après lui — ce n'était point la religion, aucune religion, et ce n'était pas l'Église. Le cléricalisme, c'est, par définition nette et précise, l'immixtion du clergé dans les choses de la politique. Et Gambetta reprenait seulement, avec une force nouvelle, contre une immixtion, également préjudiciable à l'État et à l'Église, la tradition constante de cette grande série de rois qui avait fait la France et l'avait représentée, pendant tant de siècles et avec tant de gloire, devant le monde.

La religion a été compromise plus d'une fois par la faute de ceux qui l'ont détournée de son rôle véritable et fait descendre dans la bataille des partis ; des serviteurs intempérants de la science, d'autres aussi dont les calculs sont plus compliqués, commettraient volontiers la même faute. On commence par confondre la science non seulement avec la vérité, vers laquelle elle aspire et s'élève sans cesse, qui est son but suprême, jamais atteint et fuyant toujours plus loin, et qui ne peut dès lors s'identifier avec elle ; mais on la confond surtout avec le progrès dont elle n'est que l'instrument d'ailleurs accidentel. « Ce qui distingue en effet l'art de la science, écrit Littré qui s'y connaissait peut-être, c'est que la science ne s'occupe que de ce qui est vrai, sans aucun souci de ce qui peut être utile ; » — le progrès n'implique au surplus en lui-même. aucune idée de perfection morale ou de bonheur. Ce progrès scientifique, tantôt théorique et tantôt matériel, on le confond ensuite avec le progrès politique dont chacun se fait une conception particulière, mais que la fraction la plus turbulente de la démocratie a eu, de tout temps et en tout pays, la prétention d'être seule à bien comprendre et à poursuivre avec sincérité. Et

voilà cette abstraction magnifique qui s'appelle la
Science, car cette science qu'on invoque n'est
spécialement aucune des sciences de raisonnement
et d'expérience ; voilà la Science appelée à recommander, comme émanant d'elle, toutes les concep-
tions les plus illusoires du radicalisme et toutes les
élucubrations de la démagogie.

Nous sommes de ceux qui, pénétrés profondément de l'enseignement d'Auguste Comte, ont
cherché depuis longtemps à faire de la politique
une science à peu près rationnelle ; mais précisément parce que nous voulons faire de la politique
une science, nous ne voulons pas qu'on fasse de
la Science une politique et qu'elle devienne une
arme au service des partis et de leurs intérêts passagers.

La Science a son domaine, qui est le plus vaste
qui soit, puisque c'est le monde même ; mais la
Science a son rôle, qui est exclusivement la
recherche désintéressée de la vérité, sans plus de
souci, il faut le répéter, de l'utile que du bien ou
que du beau — car elle cesserait aussitôt d'être
elle-même — et il n'est pas permis de lui faire
quitter ce rôle. Évidemment, quelque abus qu'on
puisse faire de son nom, la Science reste, elle-
même, la reine de l'esprit et la souveraine de
l'univers. Mais la Science, tout comme la vérité,
comme les plus absolus des principes, peut être

compromise par ceux qui se revendiquent d'elle dans les luttes des partis. La Science n'est point responsable de ceux qui arrachent un lambeau de son manteau pour en faire le pavillon qui couvre leur marchandise. Mais c'est la force même des choses qui veut qu'on l'en rendra responsable. C'est une prétention singulièrement ridicule que celle de politiciens, radicaux et autres, qui s'écrient en montrant leur corps de doctrine : « C'est la Science ! » Mais cette prétention n'est pas seulement ridicule ; elle fait la joie et elle fait le jeu de tous ceux qui détestent d'une haine séculaire la pensée libre, la critique investigatrice, le doute méthodique et rationnel. La Science restera la Science, mais elle sera la Science éclaboussée par les disputes des partis, des factions et des coteries. Cette poussière qu'on soulève ne peut avoir que ce résultat : obscurcir son rayonnement.

Les amis éclairés de la religion n'ont point cessé d'inviter ses prêtres à ne pas l'attirer dans la mêlée confuse de la politique. Ce n'est point parce que le domaine de la Science est placé aux antipodes du domaine de la Foi que la campagne toute semblable qu'on y engage pourrait conduire, dans l'intérêt de la cause qu'on croit servir, à des résultats bien différents. Les cléricaux de la Science lui feront exactement le même mal que les politiciens de la religion ont fait à la religion. Et j'en appelle à

M. Berthelot. Hier, quand il s'est assis au banquet de Saint-Mandé et que son regard, pour fin et perçant qu'il soit, n'a découvert autour de la grande table qu'il présidait, parmi tant d'astres plus ou moins connus de la politique, qu'un nombre plutôt restreint d'hommes de science, n'en a-t-il pas éprouvé quelque inquiétude ? Etait-ce bien à la chimie, à la science, à la philosophie que s'adressait cette manifestation ? Quand son grand prédécesseur Lavoisier, condamné à mort sous la Terreur, demandait quelques jours de sursis pour achever ses découvertes commencées, il lui fut répondu, par les bourreaux imbéciles qui font partie intégrante et savante du fameux bloc, qu'ils n'avaient point besoin de chimistes. Les apologistes du bloc ont changé de méthode : ils ont besoin d'un chimiste, mais est-ce pour les découvertes qu'il lui reste à achever ?

La Science a deux sortes d'amis : ceux qui la servent, ceux qui s'en servent. M. Berthelot est des premiers, l'un des plus illustres parmi eux: nul n'aurait eu plus d'autorité que lui pour prier les autres de laisser la Science à ses laboratoires. Là est sa place, et non ailleurs. Claude Bernard l'a dit; mais c'était dans l'*Introduction à l'Étude de la médecine expérimentale* ; il ne parlait pas *inter pocula...*

# LES RÉVEILS DU PASSE

19 avril 1895.

Le passé n'est jamais mort ; il ne fait que sommeiller et l'histoire est pleine de ses réveils. Les systèmes qui semblaient irrévocablement condamnés font appel et ont gain de cause devant les générations nouvelles, éternellement inexpérimentées, et ignorantes ; les idées les plus lointaines, qui avaient passé, à l'ancienneté, préhistoriques et antédiluviennes, reviennent tout à coup par on ne sait quel immense et mystérieux circuit : à peine quelques archéologues les reconnaissent pour d'anciennes ennemies, mais la foule les salue comme des nouveautés ; ces vieux fantômes, drapés dans leurs suaires, apparaissent comme de jeunes vierges vêtues de blanc.

Nous assistons, depuis quelques années, à une série vraiment surprenante de ces réveils du passé : tout ce que le xviii<sup>e</sup> siècle, Encyclopédie et Révolution, avait cru détruire n'était qu'engourdi ; cette mort apparente n'était qu'un sommeil réparateur ; les tombeaux se rouvrent ; presque tous les vieux préjugés et presque toutes les vieilles

institutions que nous avions été élevés, depuis
cent ans, à considérer comme des curiosités his-
toriques, rentrent ou s'apprêtent à rentrer dans la
politique avec une force menaçante ; et le vingtième
siècle, malgré la vapeur et malgré l'électricité, s'annonce comme la vallée de Josaphat du moyen âge.

La démocratie — car c'est d'elle, surtout, qu'il
s'agit — est déjà tellement avancée dans cette voie
du progrès à rebours que ceux d'entre nous qui
restent fidèles obstinément à l'esprit du grand
siècle — c'est le dix-huitième — sont traités cou-
ramment de réactionnaires. Quand nous défendons
la liberté du travail contre les syndicats, que rien
ne distingue plus, même pas le jargon dont ils font
usage, des jurandes et des corporations d'autrefois,
on nous traite de capitalistes, ce qui est, comme on
sait, la pire des injures. Il n'est plus permis, sous
peine d'être couvert de huées, de parler encore de
l'égalité des citoyens devant l'impôt ; l'une des
grandes conquêtes de la Révolution avait été l'établissement de l'impôt réel, celui qui s'attache
à la chose, sans considération de l'individu qui
en est propriétaire ; le grand effort d'aujour-
d'hui tend à transformer l'impôt réel en un impôt
personnel : un même immeuble payera plus ou
moins, selon que ses habitants portent une soutane
ou un veston ; et un même immeuble payera encore
plus ou moins, d'ici quelques mois, selon qu'il fera

partie de telle ou de telle autre succession. (C'est toute la théorie de l'impôt progressif.) La Révolution avait cru supprimer les classes ; elles renaissent sous chacun de nos pas, et le Quatrième État réclame une place à part dans la nation. L'Encyclopédie avait proclamé le règne de la tolérance ; on recommence, après une courte accalmie, à dénoncer les fonctionnaires qui vont à la messe et il est fortement question en même temps, d'exclure les juifs, en attendant les protestants, des emplois publics, lesquels seront ainsi réservés exclusivement à ceux qui, nés catholiques, sont devenus athées. Il n'est plus question, naturellement, de liberté du commerce : le négociant qui trafique avec l'étranger a sur lui un soupçon de trahison qui s'accentue ; si Christophe Colomb avait vécu de nos jours, les grands prêtres du prohibitionnisme, qui regardent déjà M. Méline avec défiance, l'auraient fait jeter dans un cul de basse-fosse et auraient brûlé les caravelles qui appareillaient pour découvrir l'Amérique. Et les apôtres socialistes, qui flétrissent le machinisme, ne raisonnent pas autrement que les nautonniers sauvages de la Hesse qui mettaient en pièces, sur les bords de la Fulda, le premier bateau à vapeur de Denys Papin.

Il est nécessaire de constater ces retours offensifs du passé, mais il ne faut pas s'y résigner : il faut les combattre et il les faut surtout combattre à leur

première manifestation, sans leur laisser le temps
de grandir. Par exemple, ne voilà-t-il pas que des
politiques, qui se disent radicaux, proposent tranquillement de revenir à l'ancienne division de la
France en provinces ? Depuis le magnifique débat
de la Constituante, d'où était sortie, sous la parole
de Sieyès, de Mirabeau et de Thouret, la division
territoriale de la France en départements, c'est à
peine si le système des provinces avait retrouvé, à
de longs intervalles, de rares défenseurs. M. Raudot
l'avait prôné, sous la monarchie de Juillet, dans un
livre, d'ailleurs fort curieux et souvent instructif,
sur *la Grandeur possible de la France ;* quarante ans
plus tard, rêvant et méditant dans ce cadre merveilleux d'Azay, qui ramène invinciblement l'esprit de ses hôtes en plein seizième siècle, le
marquis de Biencourt avait consacré au même
projet de restauration quelques pages d'une très
originale et très substantielle étude sur *le Rôle des
Chambres hautes.* Ni M. Raudot, ni M. de Biencourt
n'avaient peut-être observé suffisamment que la
suppression des provinces a été le dernier acte
de la grande, longue et glorieuse lutte qui avait
été engagée par la monarchie, pour l'unité matérielle et morale de la France, contre le régime
féodal. Mais enfin, ni l'aimable châtelain d'Azay,
ni le lieutenant bourguignon (pour ne pas dire
burgonde) de Berryer ne se rattachent par aucun

lien à la tradition révolutionnaire, tandis que les
promoteurs actuels des provinces se présentent
partout comme les gardiens attitrés et brevetés du
« bloc ».

C'est sous prétexte de décentralisation que
M. Hovelacque et M. Leydet proposent de détruire
cette œuvre capitale de la Révolution. Jolie décentralisation, en vérité, que celle qui retirera aux
deux tiers de nos chefs-lieux de départements le
peu de vie qui les anime, pour grossir les capitales
des anciennes provinces restaurées! Mais ces provinces, que seront-elles? Ou bien, malgré tous les
artifices, elles n'auront qu'une existence factice et
toute administrative, et alors elles seront sans
utilité. Ou bien elles retrouveront leur vie d'autrefois, et alors c'est l'autonomie provinciale qui va
renaître, au plus grand détriment de cette unité
nationale qui a été l'œuvre et la gloire, à la fois
de la Monarchie et de la Révolution. Ces provinces,
en effet, auront d'abord des gouverneurs; puis elles
voudront avoir des assemblées régionales qui
réclameront, pour se motiver, des attributions de
jour en jour plus étendues, et qui ne tarderont pas
à soulever des conflits avec la représentation
nationale ; puis viendra le recrutement régional,
c'est-à-dire, aux lieu et place de cette armée qui
fusionne dans une seule âme tous les éléments
infiniment variés du pays, quinze ou vingt petites

armées dont l'esprit même sera aussi dissemblable, au bout de peu de temps, que peut l'être la nature physique des diverses provinces. Imaginez ce que serait le corps d'armée de Paris avec le recrutement régional ; rappelez-vous ce qu'a failli être, en pleine Année terrible, la ligue du Midi ! Et c'est le crime de fédéralisme commis cette fois, non plus par les Girondins, mais par les petits-fils des Montagnards et des Jacobins !

Je sais bien que cette agitation en faveur du rétablissement des provinces n'est encore que très superficielle et qu'elle a chance d'aboutir, en fin de compte et par un juste retour des choses, à la création d'un nouveau département, celui de la Seine-Maritime. Mais le fait seul que ces propositions aient pu se produire est déjà un symptôme significatif. Ici, comme ailleurs, c'est le retour offensif d'un passé qu'on croyait mort. Vous vous dites des avancés ; vous n'êtes que des rétrogrades. Et ce que vous prenez pour le Progrès, c'est le passé qui se grime à la façon du diable, lequel, comme chacun sait, commence toujours, quand il veut tenter les saints, par se costumer en moine...

# LOIS SOCIALES



Le « Premier Mai » n'aura été qu'une mode,

Et mode il a vécu ce que vivent les modes...

Les fêtes religieuses, après des siècles, et certaines fêtes politiques sont jeunes encore, ou à peu près, comme au premier jour ; la fête universelle du Travail, qui se devait célébrer par le chômage général, s'est usée en moins de cinq ans : les ouvriers des villes ne la connaissent plus et ceux de la campagne l'ont toujours ignorée. Ce qui ne signifie point que le socialisme ne fait pas de progrès ; il en fait partout, au contraire, et tous les jours, et là même où il devrait être le plus vivement repoussé et combattu. Cela prouve seulement, une fois de plus, que le socialisme, merveilleux et incomparable instrument de destruction, est incapable, ici comme ailleurs, de fonder quoi que ce soit.

Les bons ouvriers n'ont point chômé le Premier Mai ; de mauvais ouvriers aussi, mais ceux-là, toujours trop nombreux, n'ont pas chômé davantage, suivant cet exemple à leur façon, et pendant que les marteaux sonnaient sur l'enclume, pendant que les pioches creusaient la terre, pendant que les charrues déchiraient le sol, les déclamations ont continué à retentir dans les cabarets et dans les réunions. — Ah ! le beau jour que celui où les rhéteurs se tairont, mais combien lointain encore ! — Ces déclamations, d'ailleurs, ne se renouvellent guère. C'est toujours la même malédiction contre l'infâme capital et les capitalistes plus infâmes encore. (A quel moment, à quel chiffre commence-t-on à être un capitaliste ? Les mastroquets qui arrosent d'alcool frelaté ces belles harangues sont-ils des capitalistes ou des ouvriers ?) Et c'est toujours la même dénonciation de cette société bourgeoise, dont l'inépuisable charité n'est évidemment qu'un égoïsme qui se dissimule et contre cette République opportuniste qui ne fait rien pour le peuple !

Les uns et les autres, nous commençons à lire avec beaucoup de philosophie — peut-être même avec trop de philosophie — les diatribes furibondes et souvent meurtrières que lancent contre la société, d'un bout à l'autre de l'année, les journalistes du socialisme et ses orateurs. Je n'ai pu me résigner encore, en revanche, à entendre de sang-froid accuser la République de n'avoir rien fait, depuis vingt-cinq ans, dans l'ordre des réformes sociales. Il y à vraiment des jours où l'on recule par trop loin les bornes de l'injustice et celles de

la mauvaise foi! Et comme il est entendu que je ne
saurais préconiser que des lois attentatoires à la
liberté et d'une dureté qui aurait fait hésiter Dracon,
je vais proposer une mesure qui n'aura, sans doute,
que peu de chances d'être acceptée, mais qui serait
pourtant assez efficace. Je voudrais faire condamner
tous ceux qui accusent la société issue de la Révolution d'être impuissante et égoïste, je les con-
damnerais à apprendre par cœur la table des matières du recueil que viennent de publier MM. Joseph
Chailley-Bert et Arthur Fontaine et qui comprend,
en quatre cents et quelques pages, les textes complets
de la législation sociale de la France (1).

Il y aurait dans chaque réunion publique un commissaire dont le rôle serait analogue à celui du
crieur romain dans les triomphes. Le rhéteur
ordinaire ou extraordinaire paraît à la tribune :
« Qu'a-t-on fait pour le peuple? — Pardon, interrom-
prait le commissaire, récitez d'abord la table. —
Mais... — Il n'y a pas de *mais;* vous ne pouvez pas
tenir de réunion publique sans une déclaration
préalable ; de même, vous ne pouvez pas tenir de
discours contre la société sans avoir récité d'abord
la table des matières. » Et il faudrait bien s'exécuter ;
et, évidemment, l'orateur y mettrait peu de bonne
grâce ; mais il réciterait quand même — et il faudrait

(1) 1 vol. chez Léon Chailley, éditeur.

qu'il le fît à haute, claire et intelligible voix — et, quand il aurait énuméré, rien que sous la troisième République, les lois suivantes : Travail des enfants et des femmes dans les manufactures, protection des enfants ambulants, surveillance des enfants du premier âge, protection des enfants moralement abandonnés, inspection du travail, contrôle des établissements insalubres, liberté des syndicats ouvriers, suppression des livrets d'ouvrier, institu·tion de l'office du travail et du conseil supérieur du travail, institution du conseil supérieur d'hygiène, création de la caisse d'épargne postale, loi sur l'arbitrage, logements ouvriers, protection du salaire contre la saisie, habitations à bon marché, écoles manuelles d'apprentissage, caisses de retraite en faveur des agents et employés commissionnés des chemins de fer de l'État, caisse nationale des retraites pour la vieillesse, conseils de prud'hommes, délégués à la sécurité des ouvriers mineurs, admission des associations ouvrières aux marchés de travaux et de fournitures à passer pour le compte des communes, sociétés de crédit agricole, assistance médicale gratuite... « Et maintenant, allez, dirait le commissaire. — Qu'a-t-on fait pour le peuple ? »

Voilà ce que cette société maudite et cette hideuse République bourgeoise ont fait pour le peuple, dans l'ordre des réformes sociales, depuis vingt-cinq ans. Et, certainement, il y a autre chose encore à faire, et nous n'avons pas attendu les sommations des rhéteurs pour le dire et pour l'écrire, et ce qu'il y a encore à faire de juste, d'équitable et de bon, nous étudions en conscience le moyen de le faire et nous le ferons. Mais il est nécessaire, d'ores et déjà, de ne pas laisser dire que rien n'a été fait et de ne plus laisser surprendre perpétuellement et égarer la bonne foi, ignorante et crédule, des masses. Un poète anglais a dit des faits que ce sont « choses entêtées ». Oui, mais ce sont choses trop souvent silencieuses, et il faut leur donner la parole.

Proclamez vos utopies, ô démagogues, c'est votre droit et je n'y veux, pour ma part, laisser porter aucune restriction ; mais reconnaissez d'abord les réalités bienfaisantes qui sont notre œuvre.

Nous ne pouvons pas empêcher Cléon ou Gorgias d'être des charlatans et de promettre le Paradis à leurs dupes ; mais quand l'un ou l'autre dira encore que nous n'avons rien fait pour ceux qui peinent et qui souffrent, nous prendrons d'abord la liberté grande de le convaincre, pièces en mains, de mensonge. *Mentiris impudentissime...*

# IMPOTS SOMPTUAIRES

17 mai 1895.

Les impôts somptuaires ne méritent, comme d'ailleurs les autres impôts, ni tout le bien ni tout le mal qu'on en dit. Ils sont justes parce qu'ils frappent le superflu, le luxe; mais ils sont peu productifs de leur nature, parce qu'ils ne s'adressent qu'à une minorité. Ce sont des impôts complémentaires ; il serait disgracieux de les repousser, mais il convient de ne se point faire d'illusion sur leur rendement.

La taxe sur les domestiques, qui fait partie du projet de budget pour 1896, est-elle un impôt somptuaire ? Elle n'en a que l'apparence. Il semble, à première vue, qu'elle soit destinée à atteindre l'une des manifestations les plus insolentes du luxe, l'armée de laquais, de cochers, de marmitons et de valets de toute sorte qui peuple les châteaux des contes de fées et deux ou trois châteaux d'Ile-de-France et de Touraine. C'est, au contraire, les très moyennes et même les toutes petites fortunes que cet impôt va frapper le plus durement.

Sur le principe même de l'impôt il me paraît qu'on

peut répugner à toute manifestation démagogique, ou populacière, mais hésiter néanmoins à taxer des hommes et des femmes qui peinent consciencieusement pour gagner leur vie comme on fait pour des têtes de bétail. Au temps passé de l'esclavage, on évaluait la fortune des planteurs en raison du nombre de bœufs, de chevaux et de nègres qu'ils possédaient. Restaurer cette comptabilité de négriers ne semble point tout à fait à sa place dans un pays qui s'appelle la France, et plus de cent années après la Révolution. Les domestiques sont des travailleurs aussi dignes de considération, quand ils sont honnêtes et laborieux, que tous les autres ouvriers manuels ; la part d'indépendance qu'ils aliènent afin de gagner leur pain et celui de leur famille n'implique aucune déchéance morale ; il n'y a peut-être pas de corporation qui fournisse à l'Académie plus de candidats, vraiment méritants, au prix Montyon, que celle des serviteurs et des servantes à gages ; les domestiques ont été et seront soldats, ils sont citoyens et électeurs ; ce n'est pas au législateur qu'il appartient de leur infliger cette humiliation fiscale qu'on paye pour eux comme pour une propriété.

Si l'on passe maintenant au tarif proposé, on voit que la taxe qui figure au budget de 1896 est une sorte de capitation. Elle se compte d'après le nombre des domestiques, en variant d'après leur sexe et d'après la population de la localité. La différence en raison du sexe est légitime ; il convient seulement de ne point dissimuler qu'elle aura pour premier résultat de faire augmenter, dans des proportions considérables, le nombre des domestiques du sexe féminin. Ceux qui ont l'honneur d'être invités à goûter chez la reine Victoria savent que le thé est servi, à la cour d'Angleterre, par des bonnes. L'exemple sera suivi et il n'y a point d'inconvénients à cela ; mais il en résultera aussi quelques moins-values sur les 10 millions que M. Ribot espère tirer de l'impôt nouveau. — On peut se dispenser de faire entrer en ligne de compte les célibataires qui épouseront leur cuisinière par économie.

La progressivité de l'impôt, en raison de la population de la localité, est, en revanche, tout à fait injuste. Pour un seul domestique mâle on paye 8 francs dans les communes de moins de 5000 habitants, c'est-à-dire dans celles où la vie est au meilleur marché ; à Paris, où tout est plus cher, où loyer, vêtement, alimentation coûtent trois ou quatre fois plus, on payera 30 francs pour le même domestique. Qui ne voit cependant que ce domestique constitue à Paris ou dans telle autre grande ville un luxe beaucoup moins important que dans les petites communes ? C'est le luxe qu'on veut atteindre : l'effroyable luxe, en vérité, que celui de tel petit ménage de fonctionnaires ou d'employés ou de boutiquiers qui, occupés toute la journée, ne peuvent se passer d'un domestique et qui vont payer 30 francs pour un domestique du sexe masculin, 15 francs pour une bonne, alors que tel gros fermier de campagne ne payera que 8 francs pour l'un et 4 francs pour l'autre ! On nous a dit et redit que la théorie de la progressivité est d'essence démocratique ; nous ne nous en apercevons pas encore cette fois.

Au surplus, il en est, paraît-il, de la progressivité comme du galon et, quand on en prend, on n'en saurait trop prendre. Lorsque le ménage, en effet, a deux domestiques, la taxe afférente à chacun d'eux est plus élevée. Vous n'avez, à Paris par exemple, qu'une servante ; vous payez 15 francs. Mais, si vous en avez deux, vous payez 22 fr. 50 par domestique et 30 francs si vous en avez trois ou quatre. Heureux les ménages de célibataires ; malheur aux ménages qui ont l'imprudence de suivre ce qu'on appelait au dix-huitième siècle « les doux conseils de la nature » ou qui ont prêté une oreille trop patriotiquement attentive aux lamentations des gouvernements, des Chambres et des Académies sur la dépopulation de la France ! Il va falloir préparer une variante au vers fameux d'Augier :

Nous pourrons nous payer le luxe d'un garçon...

Quand le mari de Gabrielle aura bien établi le bilan

, de ses affaires prospérantes, il dira à son épouse :

Nous pouvons nous payer le luxe d'une bonne...

Et Gabrielle rougissante et point jalouse, compren-
.dra tout de suite... Mais quand les affaires ne pros-
péreront pas ?

Dans le projet de M. Burdeau, la taxe d'habitation,
dont la taxe sur les domestiques n'était que l'acces-
soire, subissait certaines réductions en raison de
nombre des enfants ; le déficit ayant augmenté depuis
un an, on a renoncé à cette compensation — et cela
est pis qu'une injustice.

Pour qui veut se donner la peine de descendre
de la théorie dans la pratique, il est donc évident
que le nombre des domestiques n'est un indice de
la richesse qu'à partir d'un certain chiffre. Mais
c'est précisément à ce chiffre que s'arrête le
projet du gouvernement : au delà de quatre domestiques, l'impôt cesse d'être progressif pour redevenir proportionnel. C'est tout simplement le rebours de la logique. Mais, dira-t-on, pouvait-on
continuer indéfiniment la progressivité sans tomber
dans l'absurde ? — Évidemment non, mais il ne
fallait pas la commencer du tout, car c'est elle-
même qui est absurde. Si le principe de progressivité est juste, il ne peut pas être juste jusqu'à un
tel chiffre et injuste au delà, équitable et sensé
jusqu'à trois ou quatre domestiques, inique et

inepte au delà. Dès que vous limitez vous-même l'essor de la progressivité, c'est le principe même que vous condamnez.

Enfin, sera-t-il permis d'ajouter que la conséquence la plus certaine de l'impôt sera de faire réduire presque partout les gages des domestiques ? Comme il faut vivre quand même, c'est les domestiques qui capituleront, c'est ces pauvres gens qui, neuf fois sur dix payeront la taxe.

L'Angleterre a la réputation d'être un pays foncièrement aristocratique ; elle n'impose pas les serviteurs comme un bétail : elle taxe les livrées et les perruques à poudre. Et je serais fort surpris si le faubourg Saint-Germain et le faubourg Saint-Honoré faisaient objection à une taxe analogue, qui serait vraiment somptuaire ; mais je suis certain que nombre de républicains, jeunes et vieux, ne voteront pas l'impôt qui nous est proposé.

Cette question de l'impôt sur les domestiques est fort modeste ; mais elle renferme peut-être quelques enseignements. On peut être d'ailleurs très parfaitement assuré qu'on n'en profitera pas.

# ÉTAT D'ESPRIT SOCIALISTE

31 mai 1895.

Pendant assez longtemps, les républicains ont paru
redouter davantage l'état d'esprit orléaniste que les
orléanistes et les « princes » eux-mêmes ; ils n'avaient
point tort. Ils auraient encore plus raison aujour-
d'hui d'avoir moins peur des chefs socialistes qui,
décidément, M. Jules Guesde excepté, ne sont que
des politiciens encombrants, et de se préoccuper
un peu plus de l'état d'esprit socialiste qui nous
envahit de tous les côtés à la fois.

Les chefs socialistes, qui dénoncent si volontiers
le régime parlementaire, sont les plus parlementaires des hommes, non pas toujours dans leur langage, mais dans leur tactique ; ils sont rompus
comme pas un à toutes les finesses et à toutes les
roueries du métier : ils rêvent du « sein » des
commissions, mais jamais de barricades ; ils ne
sont forts que de la timidité de leurs adversaires ;
ils ne descendraient pas dans la rue pour un empire
et il suffit de marcher sur eux pour les faire
reculer à grande vitesse. En revanche, le microbe
socialiste pullule ; il se glisse et s'insinue partout ;
il se développe avec une incomparable fécondité :
encore un peu, et l'organisme politique tout entier

en sera pénétré. Le reste alors viendra par surcroît, tout naturellement.

Une bonne maladie, bien nette et bien déclarée, comme fut le boulangisme il y a six ans, accident tertiaire du césarisme, on sait par quel traitement en venir à bout. Le mal actuel, qui ne comporte pas de traitement chirurgical, est beaucoup plus grave. C'est le venin mortel qui s'infiltre lentement par tous les pores et dans toutes les veines, désagrège l'un après l'autre tous les muscles, énerve successivement toutes les parties du corps, ralentit peu à peu les battements du cœur et atteint enfin le cerveau qui, s'endormant, ne se rend même plus compte des progrès continus de l'empoisonnement. Les socialistes, eux, voient très clairement ce qui se passe. Cette prétendue trève, dont les orateurs officiels sont si fiers, c'est tout simplement la période d'incubation du virus que le corps social a absorbé.

C'est, d'abord, une vague sensibilité qui nous a engourdis ; autant l'esprit de charité ou de solidarité est actif, autant cette humanitairerie est débilitante et paresseuse. On ne vient pas au secours de ceux qui souffrent ; il est moins fatigant et moins coûteux de s'apitoyer platoniquement sur le sort de certaines catégories d'ouvriers et de les irriter davantage par ces plaintes. Un peu d'envie et de jalousie aidant, on prête une oreille indulgente à toutes les déclamations, les plus violentes ou les plus saugrenues,

contre les prétendues féodalités financière, indus-
trielle ou commerciale ; la richesse, *a priori*,
devient suspecte, et l'on ne s'aperçoit pas que cette
suspicion est une atteinte grave au principe même
du capital, les petits capitaux seuls ne pouvant
pas être logiquement sacro-saints. Dans les rapports
entre le capital, qui est du travail accumulé, et le
travail, qui est du capital en formation, le patron
n'est même plus l'égal de l'ouvrier ; on lui
impose une posture d'accusé et, lui-même, il
prend cette posture. Enfin, l'impôt, qui ne devrait pas avoir d'autre but que d'assurer le fonctionnement des services publics, devient un instrument pour niveler les fortunes ; l'on abandonne la
proportionnalité, qui est l'égalité, c'est-à-dire la
garantie de tous, pour la progressivité, qui ne peut
pas, si elle tient à être logique, ne point aboutir,
tôt ou tard, à la confiscation.

Tel est l'état d'esprit socialiste ; il est, paraît-il,
très doux. On a l'illusion d'être une âme généreuse
et l'on se persuade qu'on s'est pourvu d'une prime
d'assurance contre les barbares. La générosité, que
je crois réelle et sincère chez quelques-uns, n'est,
chez d'autres, qu'une pitoyable veulerie. Quant
aux barbares, ils rient dans leurs barbes : ils accep-
tent ce qu'on leur donne et ils prendront le reste.

Aussi bien, quand on a cédé sur le principe, a-
t-on tout donné. Demandez plutôt aux femmes...

# CHOSES DU DEHORS



Ce qui caractérise la diplomatie socialiste, c'est qu'elle est restée enfantine : elle continue à prendre les peuples pour des frères et à montrer le poing aux tyrans. L'histoire contemporaine n'est guère moins remplie que les temps barbares de peuples qui se détestent ; le socialisme professe pour l'histoire le même mépris que pour l'économie politique ; c'est une science bourgeoise. Et l'amitié d'un prince, absolu ou simplement constitutionnel, est la honte suprême. Il n'y avait point, autrefois, de par le royaume de France, moine si ignare ni cordelier si obtus qui ne comprît fort bien que le roi très chrétien François Ier, fils aîné de l'Église, se fit l'allié du sultan turc Soliman et que le cardinal de Richelieu fût le protecteur des réformés et luthériens d'Allemagne. Nos socialistes n'en sont pas encore à ce B, A, BA de la politique extérieure. Il ne leur entre pas dans la tête qu'une démocratie puisse contracter alliance avec le Tsar et qu'une République laïque montre quelque souci de conserver à la France sa clientèle catholique en

Orient et en Extrême-Orient. On les voit ainsi tour
à tour, et jusque dans un même discours, internationalistes et chauvins. Leur internationalisme est
la plus pitoyable des duperies, car les socialistes
allemands et italiens sont tous, avant d'être socialistes, violemment Italiens et passionnément Allemands. Et ils professent le patriotisme comme la
vertu ; on eût brûlé en place publique le journal
anglais qui eût imprimé à l'adresse du gouvernement de la France et de la majorité républicaine
des deux Chambres la cent millième partie des
injures qu'un journal parisien, à la fois boulevardier et socialiste, a répandues à deux cent mille
exemplaires.

La discussion de l'affaire sino-japonaise, plus
encore que celle de Kiel, a montré l'incapacité
congénitale des cerveaux socialistes à concevoir
les notions les plus élémentaires de la politique.
L'événement, qui est le plus sûr des maîtres, a
justifié suffisamment l'intervention de la France
dans le dénouement pacifique de ce conflit pour
qu'il soit nécessaire d'y insister. (Me sera-t-il
permis de rappeler seulement ce que j'écrivais, il y
a onze ans, le 28 juin 1884, dans un article de la
*Revue bleue :* « Si le canal de Suez est destiné à
jouer dans l'histoire de demain le rôle que les
Dardanelles ont occupé dans l'histoire d'hier ; si
les rives de la mer Rouge voient arriver de tous

13

côtés les avant-coureurs des nations ambitieuses,
n'est-ce pas que l'avenir tient en réserve une
question de l'Extrême-Orient, qui ne sera pas
moins vitale que la question d'Orient, et qui se
présentera avec les mêmes facteurs et les mêmes
intérêts engagés dans une lutte semblable? Là, dans
cette nouvelle bataille pour l'équilibre général des
continents et des mers, le Céleste-Empire ne sera-
t-il pas, en Asie, ce que l'Empire ottoman a été en
Europe? » L'article était intitulé : « Le déplacement de la question d'Orient, » et la question s'est
en effet déplacée.) Mais allez donc parler aux socialistes, même aux plus intelligents, et même après
l'événement, de l'équilibre des continents et des
mers? Ils ne sont pas encore arrivés à comprendre
que, si nous avons un budget de la marine qui
dépasse trois cent millions, c'est, peut-être, pour
pouvoir, à l'occasion, nous servir de nos bateaux !
« Quoi ! monsieur le ministre, vous avez envoyé
une escadre dans les mers de Chine ! » D'abord, il
n'y avait point à envoyer de vaisseaux dans les
mers de l'Extrême-Orient ; l'une de nos escadres y
était déjà et, même, depuis assez longtemps. Le
premier acte d'un ministre socialiste des relations
extérieures eût été évidemment, dès le début des
négociations diplomatiques, de rappeler notre
flotte. Nous avions au printemps de 1882 une flotte
devant la rade d'Alexandrie ; les socialistes d'alors,

qui n'étaient encore que radicaux, firent tant qu'elle
reçut l'ordre, à la première bourrasque, de gagner
la haute mer ; et ce fut ce jour-là que nous per-
dîmes l'Égypte.

La déclamation est toujours odieuse ; quand elle
s'exerce sur les questions qui touchent aux intérêts
de la France au dehors, sur celles-là surtout qui
n'éveillent pas, car ils ne sont jamais endormis,
mais qui ravivent les souvenirs les plus douloureux,
la rhétorique n'est pas seulement haïssable. Tout
le monde n'est pas tenu de connaître à fond les
affaires d'Orient ou de Chine ; nul, en revanche, n'a
le droit de parler à la légère de l'Alsace-Lorraine.
Il suffit de lire avec un peu d'attention les journaux
étrangers pour savoir avec quelle habileté et quelle
perfidie consommées nos ennemis, qui, eux aussi,
ne sommeillent point, cherchent à tirer parti de
l'orviétan patriotique qu'on débite en de certains
lieux. Ce fut une partie de l'art de M. de Bis-
marck d'exploiter avec une absence méthodique
de scrupule, ces folies et ces sottises. Le Lohen-
grin couronné qui gouverne l'Allemagne ne descend
pas à ces obscurs procédés. Mais alors même
que ces rodomontades et ces diatribes devraient se
perdre désormais dans le silence de l'indifférence
ou du dédain, elles n'en seraient pas moins vilaines.
Elles ne sont d'ailleurs jamais tout à fait inof-
fensives, et il peut toujours suffire d'un inci-

dent pour les rendre de nouveau périlleuses et funestes.

Ce n'est pas, au surplus, qu'il faille se plaindre
de l'interpellation de lundi dernier ; il faut, au
contraire, s'en féliciter, puisqu'elle a permis au
gouvernement de tenir un excellent langage et à
l'immense majorité de la Chambre de s'associer à
une politique extérieure à la fois très ferme, très
clairvoyante et très sage. Les adversaires de la
démocratie l'accusent depuis nombre d'années
d'être incapable de suivre les longs desseins qui
sont indispensables à la diplomatie ; les faits ont
démenti ce pessimisme. Quant aux démagogues, ils
ne sont pas le fruit spécial des Républiques : toutes
les monarchies les connaissent. Toutes les terres
ne produisent pas le blé ; l'ivraie pousse partout.

# L'IMPOT PROGRESSIF

8 juin 1895.

Il n'y a point eu, pendant environ vingt ans, de discussion du budget sans que les radicaux y vinssent réclamer la suppression du budget des cultes et la suppression de l'ambassade auprès du Vatican. Ces deux revendications classiques ont passé de mode et ne sont plus guère présentées que pour la forme. C'est l'impôt progressif sur le revenu qui a pris la place de ces rengaines usées ; il réapparaît maintenant tous les ans avec la loi sur les contributions directes ; c'est M. Godefroy Cavaignac qui le présente.

La proposition du député de la Sarthe est empreinte à la fois de l'esprit démagogique et de l'esprit césarien.

La démagogie de M. Cavaignac est très élémentaire ; c'est celle de M. Batbie, en 1848. M. Batbie avait commencé par être radical ; — l'un et l'autre se voient. — Comme il développait, un soir, son programme dans un club : « Et les riches, lui cria une voix, qu'en faites-vous ? — Les riches, reprit sans hésiter M. Batbie, je les livre en pâture au

lion populaire. » On sait où ces déclamations fini-
rent par conduire les malheureux ouvriers qui s'en
grisaient; la société civilisée faillit périr dans les
journées de Juin et la République y fut blessée à
mort. M. Cavaignac a la formule moins sonore ; mais
c'est à éveiller les mêmes appétits qu'il s'applique.
Il commence par ne prendre aux riches que 7 et
8 p. 100 de leur revenu, au lieu de 70 ou 80 p. 100
— ce qui n'eût été ni moins logique, ni moins
arbitraire, ni moins injuste — mais c'est seulement
pour faire durer le plaisir. Quelques riches font
semblant de frissonner devant la menace de cette
confiscation mal déguisée, et le lion populaire —
pauvre dupe! éternelle dupe des rhéteurs! — se
pourlèche les babines.

Je dis bien que les riches ne s'inquiètent pas très
sérieusement. Alors même que la Chambre voterait
la proposition de M. Cavaignac, que le Sénat la
ratifierait et que le président de la République, qui
a le droit de demander aux Chambres une deuxième
délibération, promulguerait la loi, ce n'est point
les riches qui en seraient atteints, ce serait seulement — on entend sans doute la signification de
cet adverbe — ce serait seulement la richesse
même du pays. M. Cavaignac, qui revient à la
dîme de l'ancien régime sous prétexte d'aller de
l'avant, se croit encore, en effet, à l'époque des
diligences. Les capitaux, à cette époque, voyageaient

aussi péniblement que les individus. On a découvert depuis des modes de locomotion plus rapides. C'est en chemin de fer qu'on voyage aujourd'hui et c'est par l'express que les capitaux mobiliers qu'on menace passeront la frontière. Quelques-uns partent déjà et les plus gros ne seront pas seuls, le cas échéant, à faire le voyage. Les moyens, tout comme les plus gros, se préparent au même déplacement, qui n'a rien d'onéreux. Je ne dis pas que les capitalistes auront raison d'agir ainsi; je dis qu'il est certain qu'ils agiront ainsi et que rien au monde ne les en empêchera. La proposition de M. Cavaignac, c'est tout simplement l'émigration des capitaux. Les capitalistes de tout format n'y perdront pas un centime, mais le pays lui-même s'appauvrira de toutes les sommes qui franchiront la frontière pour fuir un impôt inique et qui passeront à l'étranger. Les pays voisins, dont la concurrence ne paraît sans doute pas assez redoutable à M. Cavaignac, s'enrichiront d'autant.

Voilà pour la démagogie du projet ; elle est, comme on voit, tout à fait intelligente, puisque, encore une fois, elle va directement contre le but qu'elle se propose. Voici maintenant pour le césarisme : Tous les petits revenus ne payeront rien du tout.

M. Cavaignac, qui poursuit le rétablissement de la dîme sous le nom d'impôt du revenu, qui substitue l'impôt progressif à l'impôt proportionnel et qui remplace enfin l'impôt réel par l'impôt personnel, M. Cavaignac est l'ennemi des principes financiers les plus fameux et les plus certains de la Révolution. Toutefois on peut méconnaître les principes de la Révolution, ce qui est le droit de tout le monde, même des radicaux, sans en ignorer l'histoire, et M. Cavaignac se souvient certainement que, sous la Convention et au plus fort de la dictature de Maximilien Robespierre, un député dont le nom m'échappe, mais qui fut évidemment par la suite sénateur de Napoléon et pair de Louis XVIII, eut aussi l'idée de proposer que les classes nécessiteuses fussent dispensées de tout impôt. Mais Robespierre, qui n'était pas qu'austère, se fit, ce jour-là, l'interprète de ce que la susceptibilité populaire avait de plus noble, et il opposa la question préalable à cette motion, « comme étant humiliante pour le peuple, en ce qu'elle le privait d'apporter son obole à la patrie et laissait au riche le monopole de ce grand devoir civique ».

M. Cavaignac n'est pas cependant le premier qui ait repris la motion que Robespierre avait fait écarter « comme humiliante pour le peuple »; l'empereur Napoléon III, au mois de janvier 1862, l'avait fait reprendre par M. Achille Fould. « Cette proposition, écrivit aussitôt Lanfrey, nous paraît d'autant plus fâcheuse qu'elle tend à faire des contribuables exonérés une classe à part dans la nation, à les désintéresser de la chose publique, à les habituer à des exigences qui pourraient devenir un embarras. Nous réprouvons, d'ailleurs, toute mesure qui tend à substituer dans l'impôt le principe de la progressivité à celui de la proportionnalité. L'impôt progressif n'est, en effet, que l'arbitraire en matière d'impôts, parce que la proportion est une base fixe, tandis que la progression peut varier à l'infini... Au surplus, le peuple, qui consent de bonne grâce à être dispensé des contributions, est bien près d'ambitionner une solde, et, lorsqu'il accepte une solde, on sait ce qu'un peuple peut devenir : la populace romaine l'a fait voir. Nous sommes loin d'en être là; mais pourquoi éveiller les appétits des classes pauvres en ne leur donnant qu'une satisfaction insuffisante quand il y a tant de moyens d'employer utilement leur activité et d'augmenter leur bien-être? »

La Convention nationale suivit Robespierre ; le Corps législatif impérial ne suivit pas Napoléon III : il me paraît douteux que le Parlement républicain de 1895 suive M. Cavaignac et ses amis.

# PHILOSOPHIE DE L'ASSISTANCE

1<sup>er</sup> novembre 1895.

## I. — LE VIRUS DU SOCIALISME

Si la charité n'était pas naturelle au cœur de l'homme, où l'amour est né avant la haine, et si le soulagement de la misère n'était pas l'une des fonctions essentielles d'une société et d'un gouvernement démocratique, il faudrait encore inventer l'assistance publique et la bienfaisance contre le socialisme. Le socialisme, dans la lutte qu'il a engagée et dont le caractère se dessine plus nettement tous les jours, exploite avec une adresse féroce quelques-uns des sentiments les plus bas de l'espèce humaine, la jalousie, la haine de toute supériorité, l'envie ; mais il exploite aussi la pitié, et sa force, qui va croissant, ne vient pas moins des cœurs qu'il émeut que des cerveaux qu'il excite.

Il faut laisser au socialisme le privilège de déchaîner les passions destructrices ; ne lui laissons aucun moyen de prétendre au monopole de la pitié humaine. Il n'y a aucun droit ; le collectivisme scientifique, qui a remplacé le socialisme romantique d'autrefois, est peut-être la doctrine la plus dure qui ait été formulée depuis que la civilisation existe ; mais cette âpreté des principes, il est à la fois trop politique et trop psychologue pour ne la point dissimuler encore sous la douceur des phrases et la tendresse équivoque des mots. C'est avec ces mots mouillés qu'il gagne à sa cause tant de sympathies populaires et d'autres qui ne sont pas moins précieuses.

Enlevez au socialisme le levier de la misère, que lui reste-t-il ? Des appétits.

La charité, sous l'une ou l'autre de ses formes, assistance publique ou bienfaisance privée, est si bien l'adversaire la plus redoutée du collectivisme qu'il en repousse jusqu'au nom comme une injure. Qui a droit à la justice ne peut se contenter de la charité ; l'aumône voudrait être le rachat des iniquités capitalistes : il n'y a point de rachat pour le capital, il faut simplement le détruire. — De toutes les haines partielles dont se compose cette grande haine qui est le socialisme révolutionnaire, aucune ne paraît plus significative que celle dont il poursuit la charité ; c'est vraiment celle du microbe contre le virus.

Notre triste nature étant ainsi faite, sauf chez les saints, que toute souffrance vive se traduit en elle par un mouvement de révolte, il est manifeste

que tout homme qui tombe dans la misère est une
recrue toute prête pour le socialisme.

N'alléguez point que les chefs du parti, avocats
ou journalistes, députés ou exploiteurs de syndicats, ont, presque tous, mine de capitalistes, gros
et gras, et la bouche vermeille. Le spectacle ne
change que trop dès que vous visitez les circons-
criptions qu'ils représentent, les faubourgs et les
banlieues où ils opèrent : là, les visages sont hâves,
les corps amaigris, c'est la pauvreté et c'est la
faim. Donc, tout malheureux dont la charité, publique ou privée, allège la misère et cherche à assurer
l'existence, c'est un soldat que vous enlevez à
cette armée de la rébellion. Pour le socialisme,
l'assistance, voilà l'ennemie.

Il semblerait que cette vérité, banale à force d'évidence, dût être présente constamment à l'esprit
de ceux qui défendent contre les disciples de Karl
Marx la société issue de la Révolution ; elle y
subit, au contraire, d'incessantes éclipses. Selon
la diversité de nos caractères, les menaces des chefs
ennemis nous irritent, nous indignent et nous
effrayent ; mais cette misère constituée qui fait
que ces cris de guerre civile trouvent un écho gran-
dissant, nous en oublions trop souvent l'existence
dans l'ardeur des luttes immédiates, dans notre
colère ou dans notre peur.

Quand nous défendons ou la liberté du travail,

ou l'égalité des charges, ou la propriété individuelle, c'est bien certainement la civilisation que
nous protégeons contre un retour offensif de la
barbarie primitive ; nous avons même le droit de
dire que la destruction de cet état social serait
surtout préjudiciable à ceux qu'on soulève contre
lui. — Il n'y a point d'image plus exacte du régime
qu'on nous propose que le spectacle de ces mon-
tagnes déboisées où la dent des troupeaux qui
ont mangé la forêt, ne trouve plus une touffe
d'herbe entre les rochers d'une terre morte. —
Mais cette civilisation et cet état social, que
nous avons raison de défendre, n'en ont pas
moins des tares qu'il importe de réduire ou de
supprimer ; dès que nos regards se portent vers
la misère, comment nier que notre conscience,
en repos jusque-là, ne se trouble et ne s'inquiète ?
Le mal, le vice, le principal danger sont là, et
non ailleurs ; voici la source que nous voudrions
tarir, mais dont nous devons à tout prix ralentir
le flot, si nous ne voulons pas être submergés, —
nous, ce qui ne serait peut-être pas grand'chose, —
mais, avec nous, les conquêtes les plus certaines
de l'humanité.

Si la bienfaisance privée, émancipée des mille
liens qui la paralysent encore et si l'assistance
publique, constituée enfin selon les principes de la
Révolution, les seuls que nous voulions connaître,

doivent avoir pour résultat d'atteindre le socialisme dans ses œuvres vives, on peut prévoir une
tempête de déclamations de plus en plus furieuses
contre la charité, hypocrite instrument de défense
des iniquités capitalistes. Cette tempête passera
comme toutes les autres. Le collectivisme, entre
autres mauvaises habitudes, sans doute congéni-
tales, a celle d'attribuer à ceux qui le combattent
des mobiles bas et des intentions viles. Les faits
répondront d'abord pour nous : cette société qu'on
outrage a-t-elle attendu qu'on la menaçât pour se
préoccuper de ceux qui souffrent et pour leur
venir en aide? dans quel pays au monde, la charité
privée, malgré les obstacles administratifs et
même politiques, s'est-elle montrée, sous tous les
régimes et à toutes les époques, plus généreuse et
plus large que dans la nôtre?

Nous laisserons la parole aux pierres de nos
hôpitaux et de nos asiles, aux budgets de nos
sociétés charitables, aux sacs de toile des petites
sœurs des pauvres. Mais si les faits, ces choses
entêtées contre lesquelles rien ne peut rien,
suffisent pour répondre au reproche d'hypocrisie
et de calcul, cependant les efforts qui ont été tentés
et dont plusieurs ont merveilleusement réussi ne
sont pas encore à la hauteur de la tâche qui s'impose à nous.

La charité, privée ou publique, ne saurait être

efficace que par l'amour, par la pitié profonde. On peut nous prêter d'autres discours, parce qu'il est toujours possible de prêter aux autres ses propres sentiments, surtout quand ils sont vilains; mais nous n'avons jamais dit et ne dirons jamais autre chose. Seulement, cela dit, il est peut-être permis de faire observer que le devoir social est ici encore conforme à l'intérêt social, à l'assurance et à la préservation sociales. Le devoir, quel qu'il soit, n'est pas seulement beau et bon par lui-même; il l'est encore par ses résultats et par ses conséquences. Il n'est pas interdit de considérer aussi le résultat. Si la charité, quelque généreuse qu'en soit l'inspiration, devait avoir pour conséquence d'étendre le mal au lieu de le réduire, il faudrait déconseiller cette vertu. Il y a, en effet, tel genre de charité, comme l'aumône éparpillée au hasard des rues ou comme l'ancienne loi anglaise des pauvres, qui fait plus de mal que de bien. Aussi, précisément, ce que nous cherchons, c'est de fortifier la charité, qui est un élan de cœur, par l'assistance qui est une science.

En quoi notre pitié pour les misérables se trouverait-elle avilie et dégradée au rang d'un calcul par cette considération que le socialisme collectiviste a fait de la misère le plus actif de ses sergents recruteurs?

Quand le socialisme n'existait pas, il ne s'agissait pour nous que de sauver les malheureux de la misère; il s'agit aujourd'hui de les préserver d'un double mal, à la fois de la misère et du socialisme, de la haine et de la révolte sociales où la misère les conduit fatalement.

## II. — « LA DETTE SACRÉE »

La Révolution a proclamé que les secours sont
« une dette sacrée »; comment payons-nous cette
dette? qu'en payons-nous?

Dans le rapport qu'il déposait, le 26 janvier 1850,
sur le bureau de l'Assemblée législative (1), M. Thiers
exposait en ces termes le programme de la commission dont il était l'interprète : « Il y a les
malheurs de l'enfance, de l'adolescence, de l'âge
mûr, de la vieillesse. Nous avons commencé par
nous demander quelles sont les infirmités, de l'enfance et de l'adolescence, leurs besoins, les
moyens d'y pourvoir. Nous avons recherché pour
l'âge mûr, affligé de moins d'infirmités, mais non
moins travaillé de besoins, quels pouvaient être
les moyens, ou de soulager ses maladies imprévues,
ou de mettre à sa disposition les instruments du
travail, et de le tirer de la misère par l'emploi
utile de ses forces. Enfin, de l'âge mûr passant à
la vieillesse, et après quelques années à peine
de validité, retrouvant encore l'homme infirme,
nous avons recherché comment on pouvait s'y
prendre pour soulager sa dernière débilité, et sur-

(1) Rapport fait au nom de la Commission de l'Assistance
et de la Prévoyance publiques, le 26 janvier 1850, à l'Assemblée législative. (*Discours*, t. VIII, p. 450.)

tout pour lui assurer, par des réserves faites à propos, le moyen de sustenter sa vieillesse avec les
produits de son âge mûr. »

Il est certain qu'on peut contester toutes les solu-
tions dont M. Thiers va faire suivre cet exposé ;
mais il n'est pas moins évident que cette table des
matières est complète : or, aujourd'hui, après plus
de quarante années, la moitié seulement du programme est à peu près réalisée.

En ce qui concerne l'enfance, non seulement
matériellement, mais moralement abandonnée, et
en ce qui concerne les indigents affligés de maladies,
l'essentiel est fait. Non pas, certes, qu'ici même,
pour belle que soit la loi qui porte le nom de
M. Théophile Roussel et pour hardie que soit celle
sur l'assistance médicale gratuite, il n'y ait plus de
bien à faire. C'est encore M. Thiers qui le disait :
« Nous le prédisons à tous les siècles, aucun n'aura
l'honneur de finir ; la veille même du jour où notre
univers cessera d'être, il restera encore du bien
à faire que le zèle le plus ardent n'aura pu accomplir. » Il y aura toujours, par exemple, des asiles
et des hôpitaux nouveaux à construire. Mais enfin,
on peut et l'on doit constater que, dans l'espèce,
il reste surtout à perfectionner ce qui a été entre-
pris, à réformer d'après l'expérience, à étendre
selon les besoins nouveaux et les ressources dis-
ponibles.

La seconde partie du programme est relative à
la vieillesse et aux misères, autres que la maladie,
de l'âge mûr. Sur les questions si douloureuses,
si émouvantes, de la vieillesse, on entrevoit seulement la solution ; encore est-elle controversée :
c'est l'institution des caisses de retraite ; et la
Chambre, bien que saisie depuis plusieurs années de
nombreux projets, n'en a pas encore abordé sérieusement la discussion. En ce qui concerne le problème même qui nous occupe, la misère proprement
dite, celle des malheureux qui n'appartiennent à
aucune des catégories que visent les lois spéciales
et qui n'en sont pas moins dignes de pitié, la
charité privée ne se lasse point ; mais est-elle pour-
vue des instruments nécessaires? et que fait l'État,
et que font les communes ?

Le compte de l'État sera vite fait : sur les 10 millions de francs qui sont portés au budget national
pour l'Assistance publique, les malheureux, autres
que les enfants abandonnés, les malades, les sourds-
muets et les aveugles, sont inscrits pour une somme
de 500.000 francs. Le chapitre 46, subvention à des
institutions de bienfaisance et secours d'extrême
urgence, comporte cette année, dans le projet du
gouvernement, comme précédemment, un crédit
de 500.000 francs : il n'y a pas autre chose. Voici
maintenant le compte des communes : sur
36.000 communes, la moitié à peine est dotée de

bureaux de bienfaisance et le tiers de ces bureaux
est non seulement dépourvu de ressources, mais
encore dans l'impossibilité de s'en créer. Après un
demi-siècle, le problème légal de la misère est
donc aujourd'hui ce qu'il était au moment où
M. Thiers déposait son fameux rapport ; seulement
il est devenu plus aigu, plus grave, plus pressant.
Le mal même a plutôt diminué, grâce au développement de la charité privée, au progrès de l'hygiène,
au développement de l'industrie ; mais la diffusion
même des idées de solidarité, non moins que la
généralisation du bien-être, rendent plus triste
encore ce qui reste du mal. La misère d'autrefois
se croyait l'œuvre de Dieu et se résignait ; celle
d'aujourd'hui a conscience de l'injustice du sort,
et elle se révolte. Et comment dire que ses plaintes
ne sont pas fondées ?

Assurément, il y a une besogne qui répugnerait,
il y a un exercice auquel il nous serait impossible
de nous livrer : nous nous refusons à irriter la
misère, c'est-à-dire à l'exploiter. Quand éclate l'un
de ces drames du désespoir affamé, qui sont encore
trop fréquents, bien qu'ils deviennent plus rares
d'année en année, nous ne prenons pas un plaisir
sauvage à brandir contre la société ces atroces faits
divers. La misère est assez cruelle par elle-même ;
il est au moins superflu de l'envenimer par le poison
des déclamations.

Convient-il cependant de faire le silence et l'oubli sur ces drames, sur ces terribles trouées par où la lumière pénètre dans ce monde de douleurs et de ténèbres? S'il est odieux d'exploiter ces drames, n'est-il pas indispensable d'en comprendre l'enseignement et d'agir en conséquence?

Ce que peut être encore la misère au beau milieu de notre société et en plein épanouissement de la civilisation, tant de témoins l'ont dit, qui ne sont ni révolutionnaires ni déclamateurs, qu'il est inutile de le redire, et il n'est vraiment pas besoin du contraste avec le luxe et les richesses qui l'environnent pour que le spectacle en soit désolant et pitoyable. Franchement, ce qui étonne, ce n'est point que le crime sorte si souvent des souffrances qui nous entourent, c'est qu'il n'en sorte pas plus souvent.

Est-ce à dire que la bienfaisance individuelle ne fasse pas son devoir pour venir en aide à ces souffrances? Non, certes, elle ne méconnaît pas son devoir et peut-être n'existe-t-il pas un pays où, plus qu'en France, une ville où, plus qu'à Paris, les sociétés de bienfaisance rivalisent entre elles avec plus de zèle et d'ardeur. Religieuses ou laïques, elles luttent toutes contre le mal avec une égale passion du bien, et c'est assurément un livre d'or que celui où s'inscrivent les œuvres de l'assistance par le travail et de l'hospitalité de nuit, de

la Société philanthropique et de la Société de
Saint-Vincent-de-Paul, de la Bouchée de pain, et
de la Croix Blanche, de cinquante autres que l'on
voudrait citer.

Est-ce à dire qu'à côté de la bienfaisance individuelle, des sociétés qui appellent à elles les malheureux et des personnes charitables qui vont
les chercher dans leurs taudis, les grandes villes
méconnaissent la tâche hospitalière qui leur in-
combe ? Non, sans doute, et les budgets d'assistance de ces villes, celui surtout de Paris, s'en
vont croissant d'année en année.

Est-ce à dire que les efforts, non pas encore
combinés, mais seulement simultanés des municipalités riches et de la bienfaisance privée, n'aient
point déjà fait reculer la misère et n'en aient
point déjà restreint le champ ? Ceux qui nieraient
ces résultats commettraient contre la société
moderne une cruelle injustice, et il n'y a rien de
plus formel que les statistiques qui témoignent de
l'importance des progrès réalisés. Ainsi, à Paris,
au commencement du siècle, en 1803, on comptait
un indigent sur 5 habitants et, aujourd'hui, l'on
n'en compte plus qu'un sur 18. Dans l'ensemble
de la province, l'on n'en compte plus que 1 sur 35
ou 40.

Mais si le terrain qui a été gagné est considérable, celui qui reste à conquérir est plus vaste

encore ; et c'est cette conquête qu'il s'agit de préparer.

Faut-il laisser les difficultés et l'honneur de l'entreprise à la seule initiative de l'individu et du citoyen ?

L'État, les communes, les départements, doivent-ils au contraire s'associer à cette œuvre et dans quelle mesure ?

Il y a une école, disait un jour M. Jules Simon (1),
que j'appelle l'école dure et qui ne veut pas que
l'État puisse intervenir dans la cure de la misère.
Dès qu'il intervient, cette école crie : « Voilà le socialisme d'État ! » et si on l'écoutait, on laisserait
l'assistance publique sur la foi de la charité privée. »

Admettons pour un instant — M. Thiers ne l'ad-
mettait pas, et cependant il n'était guère suspect
de socialisme — que l'État n'ait pas à intervenir
directement dans la cure de la misère. Soit ! l'État
n'est pas la forme vivante de la société humaine,
c'est un simple organisme mécanique : il n'est pas
tenu d'avoir des entrailles, il n'a en lui que des
rouages. Mais alors faut-il au moins que la bienfaisance privée soit vraiment libre de s'organiser et
de consacrer au soulagement des malheureux l'in-
tégralité de ses ressources.

C'est, à mon sens, le principal mérite du livre
de M. le comte d'Haussonville sur *le Socialisme et
la Charité*, d'avoir montré que l'initiative privée,
loin d'être constamment, comme elle devrait l'être,
aidée et soutenue par l'État, est au contraire gênée
sans cesse et entravée par lui.

Il ne s'agit donc pas, du moins pour le moment,

(1) Société philanthropique, séance du 2 mai 1888.

de demander au législateur d'associer directement
l'État à la cure de la misère; il s'agit seulement
de lui réclamer l'abrogation des lois qui paralysent
l'action de l'initiative privée. On oppose au système
anglais de la taxe sur les pauvres « la noble fonction de charité que l'on consent à laisser encore
exercer chez nous à l'individu et au citoyen (1) ».
Cela est fort bien, mais toutefois à deux conditions :
l'une, que l'État cesse de percevoir sur le budget
de la charité privée des dîmes exorbitantes; l'autre,
que l'État permette à la bienfaisance de décupler
sa force par l'association.

On connaît notre législation fiscale sur les dons
et legs et l'on n'a peut-être pas oublié que cette
législation a été récemment menacée d'être encore
aggravée par le projet de loi sur les successions.
Comme si le droit actuel de 11,25 0/0, décime compris, n'était pas assez exorbitant, le gouvernement
proposait de faire supporter aux legs et dons de
bienfaisance la progression dont il veut frapper
l'ensemble des successions. Les établissements charitables et hospitaliers, par conséquent les pauvres,
indigents et malades de toute nature, se seraient
vu dépouiller, au profit du fisc, non pas de 11 0/0
seulement, mais de 15 à 19 0/0 des secours qui
leur étaient destinés. Une vive protestation s'est

______

(1) Ed. Aynard, *Journal des Débats*, 26 juillet 1895.

14

élevée contre cette mesure et la spoliation projetée
a été dénoncée avec tant de force que M. Poincaré,
mieux éclairé, a renoncé lui-même à aggraver la
situation déjà si lourde des établissements de
bienfaisance et qu'il a retiré toute cette partie
de ses propositions.

Faut-il se contenter de cette victoire ? Ne faut-
il pas, au contraire, en profiter pour réclamer le
remplacement du droit de 11,25 0/0 par un simple
droit de statistique sur les dons et legs faits aux
établissements de bienfaisance, à ceux du moins
qui ont été reconnus d'utilité publique ? De quelque suspicion qu'on poursuive tout ce qui ressem-
blerait de loin ou de près au socialisme d'État, il
semble difficile de faire intervenir dans l'espèce ce
*tarte-à-la-crème* des doctrinaires. Une seule objection serait plausible : l'intérêt fiscal. Mais n'est-ce
pas ici précisément l'un des cas où il convient de
demander à « la richesse acquise » les compensa-
tions au plus légitime des dégrèvements ? Il s'agit
à peine de trois ou quatre millions.

On connaît le bel adage du droit romain : *res sacra
miser ;* le patrimoine des pauvres doit être, comme
le malheureux lui-même, une chose sacrée.

Voilà donc, même après le retrait des périlleuses
innovations qui avaient été proposées, un premier
ensemble d'entraves qui gênent l'essor de cette
charité privée que le devoir strict de l'État serait,

au contraire, d'encourager et de protéger de toutes
manières. Mais cette fiscalité, pour pesante qu'elle
soit, n'est pourtant qu'un obstacle insignifiant au
développement de l'assistance dès qu'on le compare
à celui qui résulte et de la législation pénale et de
la législation administrative sur les associations
charitables. Ainsi, une fois de plus, nous trouvons-
nous ramenés à l'un des problèmes les plus graves
qui se posent, depuis longtemps, au seuil des
réformes les plus essentielles, devant le législateur ; il s'agit de la liberté d'association.

Ce n'est point, l'on peut m'en croire, que j'ignore
les objections que soulève, parmi nombre de républicains et même de libéraux professionnels, l'organisation de cette liberté. J'ai fait partie, pendant
la précédente législature, de la commission qui
était chargée d'étudier cette question et sais quelles
défiances s'élèvent aujourd'hui encore dans certaines écoles dès qu'on veut que cette liberté soit
vraiment une liberté, c'est-à-dire non pas, sans
doute, absolue et illimitée, car une telle liberté
serait incompatible avec la sûreté même de l'État
qui a le devoir et le droit de prendre de sérieuses
précautions, notamment contre la mainmorte ;
mais, pourtant, une fois que ces précautions légitimes auront été prises, une liberté égale pour
tous, quels qu'ils soient, ouvriers ou patrons, laïques
ou religieux, sans distinction d'aucune sorte, et

quel que soit le vêtement qu'ils portent, blouse
ou redingote ou soutane.

Quelle que puisse être la valeur de certaines
craintes, l'évolution même de la société rend inévitable l'avènement de la liberté d'association ;
on peut l'ajourner, on ne l'empêchera plus ; et ce
n'est point, d'ailleurs, l'une des moindres erreurs
du parti républicain que d'avoir commencé par
l'accorder seulement, sous la forme, assurément
encore restreinte, des syndicats, aux ouvriers.
Que cette liberté doive être réglée avec un soin
particulier, c'est l'évidence ; une liberté qui n'est
pas réglée, c'est la licence. Mais il n'est pas moins
manifeste que nous ne ferons plus de réformes
sérieuses, ni dans l'ordre politique, ni surtout dans
l'ordre social, sans cette liberté. Elle est devenue,
par la force même des choses, la clef de tous les progrès à venir et, dans ce sujet spécial que je traite,
affirmer que le développement de l'assistance publique est lié indissolublement à l'organisation de
la liberté d'association, c'est presque une banalité.

On sait, en effet, quelles sont actuellement les
difficultés de toutes sortes, administratives ou
judiciaires, que rencontrent, notamment en ce
qui concerne la déclaration d'utilité publique, les
personnes charitables qui veulent se réunir pour
une œuvre de bienfaisance. Il faut, ou qu'elles
tournent la loi, ce qui ne laisse jamais que d'être

fâcheux, ou qu'elles se soumettent à mille exigences les unes plus vexatoires et plus pénibles que les autres. Il arrive, dès lors, que nous avons un trop grand, un beaucoup trop grand nombre de petites sociétés isolées, sans lien les unes avec les autres, agissant sans méthode et, même depuis la création de l'office central des institutions charitables, sans moyens suffisants de se renseigner, gaspillant leurs finances, souvent rivales et jalouses les unes des autres, parfois n'ayant d'autre but que celui de la réclame pour leurs patrons et leurs médecins. Des sommes considérables, qui pourraient soulager des milliers de véritables misères, à condition qu'une forte organisation rationnelle s'occupât de les reconnaître, s'en vont à des individus qui ont fait de la mendicité un métier, et se perdent en menues aumônes. La charité se trouve ainsi exploitée et mise en coupe par les industriels de la mendicité au détriment de la misère elle-même.

Il en est de l'assistance comme de l'agriculture : elle ne peut être efficace qu'à la condition d'être intensive. Mais comme l'agriculture intensive ne peut être pratiquée que par de grands propriétaires ayant à leur disposition de gros capitaux, de même l'assistance intensive ne peut être mise en œuvre que par de grandes associations, disposant de ressources importantes et les pouvant employer avec méthode et continuité.

14.

Nous avons demandé à l'État de donner à la
charité privée la liberté de se constituer en association ; nous lui demandons maintenant de donner
à l'assistance communale la liberté de se procurer
les ressources qui lui sont nécessaires. C'est la question du centime charitable facultatif que j'ai posée
devant la Chambre. M. d'Haussonville, qui est
l'inventeur de la formule, voudrait que le centime
fût obligatoire ; M. Paul Leroy-Beaulieu le repousse,
qu'il soit facultatif ou obligatoire, comme une
importation de la taxe anglaise des pauvres et un
premier pas vers la charité légale (1).

La loi du 7 frimaire an V qui a créé les bureaux
de bienfaisance, et la loi du 28 pluviôse an VIII
qui les a organisés, ne leur ont attribué comme
ressources que des dons volontaires ; Paris et quelques grandes villes prélèvent seules à leur profit
10 0/0 de la recette des théâtres sous le nom de
droit des pauvres. Toute la douce naïveté du législateur républicain de l'an V est dans cette disposition : il prescrit d'établir un bureau de bienfaisance par commune, il n'assigne aux bureaux de

(1) « Cette question est des plus graves ; peut-être n'y a-t-il
pas même une seule question qui ait plus de gravité au point
de vue économique et social. » (*Économiste* du 3 août 1895.)

bienfaisance que les ressources d'origine volontaire, dons et legs, produits de piété et revenus de
fondation. Résultat après un siècle : la loi de
frimaire est restée à l'état de lettre morte dans les
deux tiers de nos communes, 8 à 10.000 bureaux
à peine, sur 15.000, fonctionnent avec quelque
efficacité, et la proportion du nombre des communes pourvues est en rapport inverse du chiffre
de leur population.

Ce résultat était inévitable : sauf de rares exceptions, les ressources d'origine volontaire n'ont et
ne peuvent avoir quelque importance que dans les
centres importants de population; les communes
pauvres, presque toutes les communes rurales
demeurent nécessairement dépourvues. Il arrive
alors, tout naturellement, que les indigents et les
pauvres de toute espèce se portent en masse vers
les grandes villes où ils savent que l'assistance
publique est solidement organisée; et c'est l'une
des causes les plus certaines de la dépopulation
des campagnes. Mais c'est aussi l'une des causes
de l'insuffisance, tous les jours plus douloureuse,
du budget charitable des grandes villes. Ce budget
pourrait suffire aux malheureux de ces villes;
l'énorme afflux des indigents qui viennent le solliciter de toutes parts le draine en pure perte. Ainsi,
les malheureux fuient la campagne et les petits
centres parce que l'assistance n'y existe pas ou n'y

fonctionne qu'à peine ; ils viennent vers les grandes
villes parce que l'assistance y est alimentée par
des ressources considérables ; mais, envahissant les
grandes villes, ils en épuisent les budgets ; ils ne
font eux-mêmes que changer de misère, et ils amènent un surcroît de misère avec eux.

Cette centralisation de la misère n'est-elle pas un
mal redoutable ? N'est-il pas douloureux de gas-
piller en mille menus secours inutiles, les ressources
qui seraient le salut assuré de quelques-uns ? Est-
il indifférent de voir perpétuellement affluer vers
Paris et vers les grandes villes, pour le seul profit
des démagogues, le résidu social de toute la
France ? Et, dès lors, quel autre remède à ce
fléau, sinon d'assurer aux indigents, chez eux,
dans leurs départements d'origine, dans leurs
propres communes, l'assistance et les secours nécessaires ?

C'est cette décentralisation de la bienfaisance
que j'ai cherché à réaliser dans l'amendement
suivant que j'ai déposé sur le bureau de la Chambre : « Les conseils municipaux peuvent voter, en
addition au principal des quatre contributions directes, des centimes spéciaux dont le maximum
est fixé à cinq et ayant pour objet la création ou
l'entretien des bureaux de bienfaisance. »

Je ne nommerai ni les députés, ni les ministres
que j'avais entretenus de mon amendement avant

de l'exposer une première fois à la tribune (1) et qui ont commencé par objecter avec une ignorance plus éloquente que tous les arguments qu'il me sera possible d'invoquer : « Votre proposition ne peut être le résultat que d'une erreur ; les conseils municipaux ont certainement le droit d'affecter aux bureaux de bienfaisance des centimes spéciaux. »

La loi municipale du 5 avril 1884, étant la plus libérale de nos lois, il semble, en effet, du moins *à priori*, que les dépenses d'assistance font nécessairement et naturellement partie des dépenses d'utilité communale que les conseils municipaux sont autorisés à voter chaque année dans la limite du maximum qui est fixé par les conseils généraux.

La jurisprudence constante du Conseil d'État refuse cependant, malgré l'opposition non moins constante des commissaires du gouvernement qui sont moins éloquemment ignorants que leurs ministres, de comprendre au nombre de ces dépenses celles qui seraient destinées à créer ou à subventionner des bureaux de bienfaisance. « Des impositions de cette nature seraient l'établissement, sous forme déguisée, d'une taxe au profit des pauvres. »

Comme il n'est question, dans aucune de nos

----

(1) Voir *Appendice*, note A.

innombrables lois, d'une taxe au profit des pauvres, on peut se demander quelle est la valeur juridique d'un arrêt qui repose sur une considération peut-être juste, peut-être fausse, en tout cas exclusivement théorique. Mais la jurisprudence du Conseil d'Etat n'en est pas moins formelle ; les projets de décret qui autorisaient les communes à percevoir des centimes extraordinaires pour doter des bureaux de bienfaisance ont été tous et formellement cassés ; et comme cette jurisprudence a force de loi, il faut une loi pour l'abroger.

M. Paul Leroy-Beaulieu combat cette loi, l'institution du centime charitable, avec sa vigueur accoutumée et par les arguments suivants :

Après avoir reconnu que, selon le texte de ma proposition, les centimes charitables ne seraient pas obligatoires, que les communes auraient seulement la faculté de les voter et que le nombre en serait très limité : « Soit, dit-il, mais si l'on se met à voter une proposition de ce genre, il est à peu près certain que, avec le temps, par la force qu'a tout germe déposé dans la législation, ces centimes spéciaux, d'abord facultatifs, finiront par devenir obligatoires. On considérera comme égoïste une commune qui ne voudra pas les établir. Bientôt aussi, suivant toutes les vraisemblances, on en élèvera le nombre et de 5 centimes que M. Joseph Reinach a en vue, on le portera à 10 ou à 15. »

Quelle proposition, pour sage et modérée soit-elle, résisterait à un pareil genre d'arguments? Il est parfaitement certain qu'il n'y a pas une réforme qui ne puisse être déformée. Qu'elle soit politique ou civile, économique ou sociale, financière ou militaire, la meilleure des lois peut être défigurée et dénaturée. Le principe même de la loi en deviendra-t-il mauvais? Ce qui sera mauvais, ce sera la modification proposée; c'est la modification, l'exagération, l'abus qu'il faudra combattre et chercher à faire repousser. Parce que l'abus du vin conduit à l'ivresse, M. Paul Leroy-Beaulieu en conclut-il que le vin est chose mauvaise en soi et qu'il convient d'arracher nos vignobles?

« Avec l'institution du centime charitable, » continue M. Leroy-Beaulieu, « vous accoutumez les gens à ne pas faire des efforts, au moins des efforts suffisants, pour améliorer leur position ». Quel est le genre d'assistance, ou publique ou privée, qu'un pareil argument laisserait subsister, s'il était admis? Je déteste, autant que M. Leroy-Beaulieu, « cette plaie du paupérisme rural qui est aujourd'hui quasi inconnue en France ». Peut-être la misère est-elle moins rare dans nos campagnes que ne le croit l'éminent économiste. Mais pourquoi est-elle, relativement du moins, assez rare? Précisément pour cette cause, déjà indiquée, que les indigents abandonnent les campagnes, où il suffirait d'un

bien faible budget charitable pour les secourir, et
émigrent en masse vers les villes dont ils épuisent en pure perte les vastes budgets. M. Leroy-
Beaulieu doit mesurer, comme moi-même, l'étendue de ce danger : s'y résigne-t-il ? Et ces pauvres,
ces indigents, ces misérables qui encombrent les
grandes villes qu'en veut-il faire ? Nul n'a combattu avec plus de courage et plus de science que
lui, et dès la première heure, les doctrines collectivistes. Mais suffit-il de repousser le socialisme
et de le condamner ? Ces misérables qui émigrent en masse vers les grandes villes sont, dit-il,
« un résidu social presque inéluctable ». Soit, ce
résidu est inéluctable ; mais est-ce une raison de
le laisser mourir de faim ? Evidemment, M. Leroy-
Beaulieu ne le pense pas ; mais si les bureaux
urbains de bienfaisance leur viennent en aide, comment M. Leroy-Beaulieu ne leur dit-il pas, à ces
bureaux urbains, ce qu'il dit aux bureaux ruraux
de bienfaisance que nous·voulons doter du centime
charitable :« Vous accoutumez les gens à ne pas
faire des efforts suffisants pour améliorer leur position? » Et s'il ne le leur dit pas, il manque de logique, car la charité, si elle est bienfaisante dans
les grandes villes, ne peut être malfaisante dans
les villages. Et s'il le leur dit, imperturbablement
logique avec lui-même, s'il condamne ainsi à la
fois le collectivisme et l'assistance, le socialisme et

la charité, il ne condamne pas que ce fléau et ce remède; c'est la mort sans phrases qu'il prononcerait contre les malheureux.

M. Paul Leroy-Beaulieu allègue enfin que la loi proposée « déshabituera les habitants des campagnes de la seule charité réelle, celle qui est spontanée et volontaire ». En vérité, — hors le morceau de pain que tout paysan un peu aisé ne refuse jamais, soit pitié, soit peur, au vagabond qui passe, — où se manifeste cette charité rurale ? La loi de frimaire est centenaire; elle s'en remettait aux dons volontaires du soin d'alimenter les bureaux de bienfaisance, et 20.000 communes en sont encore dépourvues. Cette expérience d'un siècle ne suffit-elle pas à M. Leroy-Beaulieu ?

En résumé, bien qu'à la différence de M. d'Haussonville, je demande seulement que le centime charitable soit facultatif, c'est toujours avec l'exemple de la taxe anglaise des pauvres que les économistes classiques, suivant la jurisprudence du Conseil d'État, combattent ma proposition. Ce qui caractérise la *Poor Law*, c'est cependant à la fois le droit officiel au secours et, en échange, le travail forcé. M. Emile Chevalier, dans son excellent livre sur *La loi des pauvres et la société anglaise*, établit, avec une abondance remarquable de preuves, que ces traits de l'ancienne loi, celle de Henri VIII et d'Elisabeth, sont bien encore, de

15

l'autre côté de la Manche, ceux de la loi actuelle.
Or, je ne réclame ni l'établissement de quoi que ce
soit qui ressemble à l'odieux *workhouse* ni une
obligation quelconque pour les communes. La
décentralisation est redevenue à la mode comme
aux plus beaux jours du congrès de Nancy; je ne
m'engoue pas de cette mode ; et ce sont les décen-
tralisateurs professionnels patentés qui refusent
aux communes le droit de voter un *maximum* de
cinq centimes spéciaux pour un objet aussi juste
et aussi légitime que l'organisation des bureaux
de bienfaisance! La contradiction serait inexpli-
cable si la puissance des mots, des formules toutes
faites, n'était pas depuis longtemps en notre pays,
le plus sérieux de tous les obstacles à toutes les réformes, même aux plus simples. Il est entendu, en
effet, que la *Poor Law* a créé en Angleterre, le
paupérisme rural et qu'elle a déshabitué les classes
riches de la charité. Cela est entendu, mais est-ce
prouvé? Précisément, M. Chevalier qui est pourtant
un adversaire résolu de cette *Poor Law* dont il
est l'historien, nous montre dans son livre toute
la libéralité inépuisable des classes riches en
Angleterre qui entretiennent presque partout, sans
secours officiel, les hôpitaux et les asiles ; la Charte
d'Elisabeth n'a donc pas détruit la pitié dans le
cœur des contribuables! Et, si le nombre des
pauvres ne paraît pas avoir diminué dans certaines

grandes villes industrielles et surtout à Londres,
c'est M! Chevalier qui nous montre encore, statistique en mains, que le nombre des pauvres connus
à domicile, qui était de 955.146 en 1849, n'est
plus aujourd'hui que de 566.264 (1): la taxe des
pauvres n'a donc pas été inutile ! Je suis résolument
avec M. Chevalier, avec M. Leroy-Beaulieu, avec M.
Léon Say, avec M. Aynard, avec les économistes les
plus autorisés de l'Angleterre, un adversaire du système de la *Poor Law*, mais il serait juste aussi de ne
pas faire cette loi plus noire qu'elle ne l'est ; il serait
juste surtout de ne pas en accabler une proposition
qui procède d'un principe diamétralement opposé.
Le statut d'Elisabeth a établi une taxe obligatoire
des pauvres ; je ne demande pour les municipalités
qui ne sont pas sans entrailles que la liberté d'alimenter avec des ressources communales, d'ailleurs
limitées, les bureaux de bienfaisance qui ont été
établis par la loi de frimaire, et que la loi belge, libérale pourtant entre toutes, a rendus obligatoires.

Vous pensez que les bureaux de bienfaisance
sont inutiles ou même dangereux : supprimez-les!
Mais, si vous ne les supprimez pas, donnez-leur au
moins le moyen de vivre.

---

(1) Chevalier, *App.* p. 394.

Je vais toucher ici au vice le plus grave de l'Assistance publique : elle est, à presque tous les degrés, contaminée de politique. Ainsi, nombre de bureaux de bienfaisance ont transformé les secours en monnaie électorale ; l'administration elle-même est coutumière de partialité.

S'il est au monde un domaine d'où la politique doive être naturellement bannie, c'est celui de la charité. Vous avez faim, voici du pain. Et je n'ai cure de savoir si vous êtes chrétien ou juif, musulman ou athée, républicain ou royaliste, socialiste ou conservateur; si vous votez pour le candidat de mon choix ou pour l'autre. Cela paraît être élémentaire, et cela n'est point.

Les libre-penseurs brevetés — plus brevetés que libre-penseurs — objectent : « C'est l'Église qui a commencé; elle refuse ses aumônes à qui ne va point à la messe, à qui ne montre point de billet de confession. » Et si l'Église a eu vraiment les premiers torts, est-ce une raison de suivre son exemple et de répondre à l'intolérance par l'injustice.

L'Église, sous l'ancien régime, avait le monopole de la charité légale; la Révolution l'en dépouille, et, l'en dépouillant, par cela même, prend

l'engagement de ne distinguer, entre ceux qui souffrent, que ceux qui souffrent le plus : cet engagement est-il tenu?

Oui, je crois à l'Inquisition, et à Torquemada, et
à la Saint-Barthélemy, et à la révocation de l'Édit
de Nantes, et à la Chambre Introuvable, et à la
Congrégation, et au Seize-Mai... Et puis après?
Plus j'y crois, plus je me refuse à ajouter de mon
fait à la liste des intolérances que j'ai flétries, des
injustices que j'ai réprouvées.

Que les diverses chapelles, politiques ou religieuses, aient leurs pauvres, c'est leur droit; cette
rivalité de bienfaisance ne peut être que profitable
aux malheureux. Mais l'État, qui représente la
nation tout entière, et le bureau de bienfaisance,
qui représente la commune, ont le devoir strict
d'ignorer l'opinion religieuse ou politique des
misérables. Quand M. Goblet, dans une circulaire
qui vient d'être rappelée (1), invitait les directeurs
d'agences à déplacer immédiatement les enfants
assistés qui ont été confiés à des nourriciers dont
les propres enfants suivent les écoles congréganistes, il violait grossièrement les principes les
plus certains de la liberté de conscience. Quand
tel bureau de bienfaisance, qu'on pourrait nommer,
exclut de la distribution des vêtements chauds les

(1) Circulaire du 12 février 1882.

enfants qui ne vont pas à l'école laïque, et de la
distribution des secours les parents qui vont à la
messe ou font suivre le catéchisme à leurs enfants,
ce refus est une odieuse atteinte à la justice et à
la liberté. Le prêtre qui ne donne de secours qu'aux
pauvres de sa confession a tort d'oublier l'universelle charité du sermon sur la Montagne ; encore
peut-il alléguer que ceux de ses coreligionnaires,
qui lui ont versé leurs aumônes, ne veulent secourir que ceux qui pensent comme eux. Mais l'État
et la commune, qui établiraient des catégories
entre les malheureux en raison de leurs opinions
ou de leurs croyances, seraient sans excuses ; le
produit d'un impôt qui est payé par tous les contribuables, sans distinction d'opinion ni de foi, doit
aller, sans distinction religieuse ou politique, à tous
les pauvres.

M. le comte d'Haussonville, dans la lettre ouverte
qu'il m'a récemment adressée (1), estime qu'il conviendrait de remettre en vigueur la loi du 21 mai 1873
sur la composition des bureaux de bienfaisance en
y admettant, de droit, les ministres des différents
cultes. Je me range bien volontiers à cet avis. La
disposition de là loi du 5 août 1879, qui remplace,
dans le bureau de bienfaisance, le plus ancien curé
de la commune par deux conseillers municipaux,

(1) Journal *le Soleil*, 19 juillet 1895 ; voir *Appendice*, note B.

a été certainement une faute. L'Église s'était jetée à corps perdu contre la République dans les âpres batailles du 24 mai et du 16 mai; encore chaud de la lutte, le parti républicain ne sut pas se contenter des fruits légitimes de la victoire. Dès lors, les bureaux de bienfaisance ne reçurent plus d'oboles que des libre-penseurs et des républicains; catholiques et conservateurs réservèrent leurs offrandes aux œuvres exclusivement religieuses. Faire rentrer le curé dans les bureaux de bienfaisance, et y faire entrer avec lui les ministres des autres cultes, serait donc rendre à l'assistance municipale son véritable caractère. Mais suffit-il de modifier un article de loi ou de déchirer deux ou trois détestables circulaires pour porter remède au mal?

Le mal est plus profond, étant le résultat de haines et de passions qui n'ont que trop duré; il faut, pour en venir à bout, une propagande acharnée de tolérance — et il n'est que temps de commencer cette propagande. L'Église catholique, malgré les fautes qu'elles a commises, est restée et restera longtemps encore la plus grande puissance morale qui soit au monde. Ayant compromis naguère l'empire presque incontesté qu'elle avait sur les âmes parce qu'elle s'était écartée des humbles pour s'allier plus étroitement aux anciennes classes privilégiées et aux riches, elle revient aujourd'hui, avec la force merveilleuse d'évolution qui lui est

propre, vers la foule de ceux qui peinent et qui
souffrent. La science n'a point fait faillite; mais
ses docteurs et surtout ses exploiteurs n'ont point
tenu, et ne pouvaient d'ailleurs tenir, tout ce qu'ils
promettaient en son nom. Par le fait même de sa
victoire, la Révolution est devenue conservatrice.
Les mécontents, dès lors, se tournent contre elle
et montent à l'assaut de quelques-unes de ses conquêtes, qui, hier encore, semblaient inattaquables.
Le moyen âge, qu'on croyait mort, est sorti de
son tombeau ; il a revêtu le masque du socialisme.
Prenons-y garde pendant qu'il n'est pas encore
trop tard : que le mouvement contre-révolution-
naire qui se dessine depuis quelques années, non
plus seulement parmi les anciennes classes diri-
geantes, mais dans les masses profondes qu'agitent
les syndicats, que ce mouvement continue, et par
la force inéluctable des choses, le vingtième siècle
sera voué à l'une des plus extraordinaires réactions
de l'histoire. Écartée par la République qui est la
Révolution au pouvoir, l'Église a manifesté déjà
plus d'une velléité redoutable de sourire au socialisme et de lui venir en aide. Ceux des apôtres du
collectivisme qui ne sont pas de vulgaires démagogues l'ont bien compris : ils ménagent cette
Église sinon nouvelle, du moins renouvelée, et
l'alliance qu'ils reprochent aux libéraux de
rechercher, quand nous osons parfois parler de

justice et de tolérance pour ceux dont nous ne partageons pas la foi, ils sont tout prêts à l'accepter, et ils l'attendent. L'impulsion de l'Encyclopédie a été si forte que la Révolution a réussi trop vite ou, du moins, qu'elle s'est crue trop vite sûre de sa victoire. Ceux qui ont des yeux pour voir commencent cependant à comprendre que cette victoire n'est pas encore définitive. De la liberté de conscience à la liberté du travail, quelle est la conquête de 89 qui n'est point remise en cause? Mais cette revanche du moyen âge qui se prépare, ce n'est point le socialisme qui en tirerait profit. Il aura été l'instrument inconscient, le bélier aveugle qui détruit le rempart. Le jour où le rempart tomberait, alors, dans l'immense désarroi, dans la frayeur de ceux qui possèdent et dans la folie anarchiste des autres, l'éternelle Église apparaîtra de nouveau comme la seule force vivante. Sur les ruines qu'elle aura contribué à faire, elle réunira une fois de plus autour d'elle la grande majorité des vaincus à la grande majorité des vainqueurs. Elle sera la pacificatrice, mais quelle sera cette paix?

Victoire incertaine, dira-t-on, et combien lointaine? Hé, sans doute, mais victoire possible, et voilà pourquoi il convient d'associer l'Église à notre œuvre de défense sociale. Nos principes, les vrais principes de l'Encyclopédie et de la Révolution,

15.

commandent de lui accorder la part de justice et de liberté qu'elle réclame; notre intérêt ne nous le commande pas moins. Pendant qu'elle hésite encore, et même qu'elle ne demande pas mieux, attachons l'Église à notre cause; sinon nous risquons de la voir demain contre nous, l'Évangile n'étant pas que le livre saint de toutes les charités.

Charité ou solidarité, qu'importe le mot? La misère est là, réelle et certaine, tare de la société et levier du socialisme. Ne nous privons, pour la guérir, d'aucun concours.

Nous avons demandé au législateur d'affranchir la bienfaisance privée par le droit d'association et de reconnaître à l'assistance communale la liberté de s'alimenter elle-même. Que demanderons-nous à l'État? Rien que de laisser faire et de ne faire lui-même que ce que l'initiative privée ou l'assistance communale ne peut pas faire.

« Laisser faire » sera particulièrement difficile à l'État français; il aime naturellement à surveiller, je dirais presque : à gêner; les grandes associations charitables n'échapperont pas à sa tutelle sans exciter sa jalousie. N'est-ce pas lui, cependant, hier encore, dont les statistiques dénonçaient cette charité parcellaire qui gaspille le tiers au moins des dons charitables annuellement recueillis, entretenant ainsi la misère au lieu de la guérir? Et si la bienfaisance ne jouit pas en France de la même liberté qu'aux États-Unis et en Angleterre, comment la rendre intensive, c'est-à-dire utile et féconde?

L'État peut et sait construire et entretenir des hôpitaux, des asiles, des maisons d'éducation, de repos et de retraite; mais, plus la liberté d'association s'étendra, plus il est probable que cette charge ira s'allégeant. On estime à près de 300

millions les dons qui sont recueillis annuellement
en France ; les sommes énormes qui se volatilisent
aujourd'hui en menues aumônes inutiles se conden-
seront entre les mains des grandes associations,
pourvues d'un patrimoine, assurées d'un lendemain, capables de poursuivre un programme
d'ensemble. Alors même que le budget de la charité privée n'irait pas s'augmentant dans ces nouvelles conditions, qui ne voit le soulagement
qu'apportera au budget de l'État et des départements l'action continue et systématique des associations ? En accroissant les franchises et, partant,
l'efficacité de la charité privée, l'État travaille donc
à rendre inutile sa propre assistance, même sous
les formes où elle est le moins contestée.

Ce n'est pas qu'à mon sens l'État, au contraire
de l'individu, ne doive pas être bienfaisant ; mais
la question, ainsi posée, est seulement théorique
et rien ne prouvera jamais que l'assistance est ou
n'est pas une attribution naturelle et essentielle
de l'État. On peut en discuter avec éloquence, et,
même, avec agrément à perte de vue. Le fait est,
qu'une société, quelle qu'elle soit, ne peut supporter, « sans avoir à rougir d'elle-même », — la formule est de M. Thiers qui n'était point un senti-
mental ni un démagogue, mais le plus classique
des hommes d'État, — un certain degré de misère.
« Tous ensemble, écrivait encore M. Thiers, tous

individus, Église, État, quand vous aurez réuni vos moyens, vous serez à peine suffisants, non pas pour supprimer la misère, promesse mensongère adressée à l'anarchie, mais pour la diminuer (1). » La part contributive de l'État dans l'œuvre commune est donc en raison inverse des efforts qui incombent, plus spécialement ou plus naturellement, aux individus et aux diverses collectivités. Il convient de réduire cette part au *minimum*, c'est entendu ; aussi réclamons-nous d'abord de l'État qu'il n'apporte aucune restriction à la bienfaisance privée ; mais ce que la bienfaisance privée n'aura pas fait, et, même émancipée de tous les liens qui l'entravent, elle sera toujours insuffisante sur quelque point, il faut cependant essayer de le faire. « Cette tâche négligée ou inachevée (2) » c'est l'œuvre de l'État.

L'État, quand il s'agit de l'assistance, doit-il s'interdire toute initiative ? L'initiative est, semble-t-il, chose trop rare en notre pays pour qu'on doive l'interdire même à l'État. Par exemple, il peut chercher à organiser en France et surtout dans nos possessions d'outre-mer des colonies agricoles, où il offrira soit des terres, soit du travail, aux misérables. Mais, voici, à côté du droit, le devoir de l'État. Une commune pauvre a créé un bureau

(1) Rapport sur l'assistance publique, p. 460.
(2) *Ibid.*, p. 463.

de bienfaisance ; elle a fait appel aux sentiments d'humanité de ses habitants les plus aisés ; elle a voté 2 ou 3 centimes charitables : cependant les secours, ainsi créés, sont insuffisants pour venir en aide à la misère. Pourquoi l'État n'accorderait-il pas à cette commune une subvention proportionnée ou égale au libre effort qu'elle a tenté ? Cette subvention, qu'il accordait naguère aux écoles et qu'il accorde depuis hier à la médecine gratuite, pourquoi la refuserait-il à la misère ? Et, dans ce concours même, ne trouverait-il pas d'ailleurs la justification d'un contrôle nécessaire ?

Ce n'est point décourager l'initiative, c'est l'exciter que de lui ouvrir cet horizon : Aide-toi, l'État t'aidera.

Dès qu'on s'engage dans l'étude des problèmes de l'assistance, le difficile est de savoir s'arrêter et de ne pas sacrifier à la conquête d'une universelle panacée la réalisation, très humble en apparence et très modeste, de quelques réformes pratiques. Ici, plus que partout ailleurs, il faut savoir imposer silence à son cœur et à son imagination. Hé quoi, dira-t-on, contre tant de maux et de souffrances, il vous suffit de réclamer l'abrogation de quelques taxes sur la charité, la liberté d'association, le droit pour les communes de s'imposer en faveur des bureaux de bienfaisance, une composition plus équitable de ces bureaux. Hélas ! je répondrais

volontiers que j'en demande déjà trop à la routine
parlementaire  et à l'esprit de parti. On pourrait
citer sans peine vingt réformes sur le principe des-
quelles toutes les commissions parlementaires et
extra-parlementaires sont d'accord depuis quinze
années et plus, et qui attendent encore le vote
des Chambres. Cependant, elles sont tout à fait
étrangères à la politique, et ici la politique domine
le débat, puisqu'il s'agit surtout de la chasser de
l'assistance. Quel bon jacobin ne frémit d'horreur
à l'idée d'accorder aux associations charitables une
liberté dont profiterait les moines! N'entendez-
vous pas Homais protester avec une fureur tragique
contre l'idée de rouvrir aux ministres des différents
cultes les bureaux de bienfaisance? Et, sans doute, la
coalition de ces préjugés, de ces haines, et de ces
sottes intolérances n'est pas pour intimider ceux
d'entre nous qui ont pris en mains ces justes causes.
Mais c'est une raison pour concentrer nos efforts
sur quelques objets très nets, très clairs et très
précis. La première qualité du réformateur moderne est d'être modeste, s'il veut aboutir ; et il
doit être résigné à n'aboutir que très lentement.
Le métier du démagogue est plus facile ; mais c'est
précisément aux démagogues qu'il s'agit d'arracher leur proie.

# APPENDICE

# LE CENTIME CHARITABLE.

Chambre des députés

*(Séance du 9 juillet 1895. Extrait du compte rendu
sténographique.)*

**M. le président.** — M. Joseph Reinach propose
d'insérer ici une disposition nouvelle ainsi conçue :

« Les conseils municipaux peuvent voter, en additions
au principal des quatre contributions directes, des
centimes spéciaux dont le maximum est fixé à 5 et
ayant pour objet la création ou l'entretien de bureaux
de bienfaisance. »

La parole est à M. Reinach.

**M. Joseph Reinach.** — L'amendement que j'ai eu
l'honneur de déposer sur le bureau de la Chambre a
pour objet d'autoriser les conseils municipaux à voter,
en addition au principal des quatre contributions
directes, des centimes spéciaux dont le maximum serait
fixé à 5 et ayant pour objet la création ou l'entretien de
bureaux de bienfaisance; c'est l'organisation légale du
centime charitable que je vous propose de réaliser.

En effet, messieurs, si l'article 141 de la loi du
5 avril 1884 autorise les conseils municipaux à voter,
dans la limite du maximum fixé chaque année par
les conseils généraux, des contributions extraordinaires n'excédant pas 5 centimes pendant cinq ans,
pour en affecter le produit à des dépenses extraordinaires d'utilité communale, — telle est la loi, —
la jurisprudence du conseil d'Etat refuse de comprendre au nombre de ces dépenses celles qui
seraient destinées à créer ou à subventionner des
bureaux de bienfaisance.

Cette jurisprudence du conseil d'Etat, vous le savez,

messieurs, a été, depuis nombre d'années, l'objet des critiques les plus variées et les plus sévères ; elle a été contestée très vivement par les écrivains qui, ayant étudié de près les problèmes de l'assistance publique, poursuivent la création du centime charitable, hier encore, par M. le comte Othenin d'Haussonville dans son beau livre *Socialisme et Charité*. Elle n'a pas été moins fortement contestée par les représentants autorisés du gouvernement qui se sont trouvés, sur ce point, en conflit avec le conseil d'Etat.

Quoi qu'il en soit, la jurisprudence est formelle, et une disposition législative est devenue nécessaire pour l'abroger.

Je pourrais donner de nombreux exemples de cette jurisprudence ; je ne citerai cependant, pour ne pas abuser de vos moments, qu'un avis de la section de l'intérieur, avis en date du 18 janvier 1890 ; il est d'ailleurs extrèmement topique et très spécialement motivé.

Le ministre de l'intérieur avait envoyé au conseil d'Etat un projet de décret autorisant la création d'un bureau de bienfaisance dans la commune de Périgny (Charente-Inférieure).

« Considérant, répond la section du conseil d'Etat, que pour compléter la dotation de l'établissement projeté, le préfet de la Charente-Inférieure propose d'autoriser une imposition extraordinaire de 6 centimes et demi dans la commune et que le conseil d'Etat n'a jamais admis la légitimité d'impositions de cette nature, qui sont l'établissement, sous forme déguisée, d'une taxe au profit des pauvres, est d'avis de rejeter... »

Et le conseil d'Etat rejette.

Ainsi la loi du 5 avril 1884, qui est une loi de liberté communale, établit d'une manière formelle et sans distinction le droit des conseils municipaux, et le conseil d'Etat, lorsqu'il s'agit de cet objet, légitime entre tous, de centimes spéciaux affectés aux bureaux de bienfaisance, intervient et refuse d'autoriser le prélèvement des centimes dans la limite fixée par le conseil général.

On a beaucoup parlé de tout temps et surtout dans ces derniers mois de la nécessité d'opérer enfin dans notre pays la décentralisation administrative; partisan résolu de la centralité politique qui est l'une des formes vivantes de l'unité nationale, je tiens, moi aussi, pour la décentralisation administrative; et je demande si ce n'est pas porter une grave atteinte à ce que nous en avons déjà réalisé que de refuser aux communes le droit de voter des centimes spéciaux pour un objet aussi juste et aussi légitime que l'organisation des bureaux de bienfaisance. (*Très bien! Très bien!*)

D'autre part, messieurs, si nous examinons l'ensemble des services municipaux de l'assistance publique, vous constatez aussitôt que ce service possède assurément, dans les grands centres, les rouages et les dotations nécessaires, mais qu'en dehors de ces grandes villes, les bureaux de bienfaisance sont dotés d'une façon insuffisante et même presque dérisoire dans le tiers au moins de nos communes et que, dans le dernier tiers, ils n'existent pas.

Et alors, que se passe-t-il? Il arrive tout naturellement que les indigents et les pauvres se portent en masse vers les grandes villes où ils savent que l'assistance publique est sérieusement organisée; c'est même là, de de l'avis de nombre d'économistes, l'une des causes du mouvement déplorable qui, depuis trente ans, a emporté loin des champs près de 4 millions d'habitants.

Ainsi, à Paris surtout, d'après les statistiques qui ont été recueillies par notre honorable collègue M. Chevallier dans son livre sur l'Assistance, à Paris, sur environ 50,000 chefs de ménage inscrits comme indigents, 10, 000 seulement, en chiffres ronds sont nés dans le département de la Seine, 3,000 sont étrangers et 37,000 viennent des départements.

Mais, dès lors, le budget charitable des plus grandes villes, et notamment celui de Paris, ce budget est comme l'aimant attirant à lui toutes les misères provinciales, ce budget qui dans les conditions normales, pourrait subvenir largement aux malheureux de la région immédiate, il devient insuffisant à cause même de l'énorme afflux des indigents qui viennent le solliciter de toutes parts.

Ainsi les malheureux fuient la campagne et les petits centres parce que l'assistance n'y existe pas ou n'y existe qu'à peine ; ils viennent vers les grandes villes parce que l'assistance y est alimentée par des ressources considérables ; mais, envahissant les grandes villes, ils en épuisent les budgets, ils ne font eux-mêmes que changer de misère et ils amènent un surcroît de misère avec eux. (*Très bien ! Très bien !*)

Dès lors, la réforme s'impose ; il faut que les indigents trouvent chez eux, dans leurs communes, ce qu'ils n'y ont point trouvé jusqu'à présent, l'assistance, les secours nécessaires, et il faut, par conséquent, que les communes aient le droit de faire appel à l'impôt, aux centimes additionnels, pour subvenir aux dépenses de l'assistance publique, des bureaux de bienfaisance.

J'estime, messieurs, que nous nous trouvons ici en présence d'intérêts extrêmement sérieux et importants. L'institution du centime charitable sera, soyez-en convaincus, un instrument puissant entre tous pour la diffusion de l'assistance publique et vous n'avez pas à craindre d'abus, puisque vous limitez à cinq le maximun des centimes qui pourraient être perçus. (*Approbation sur divers bancs.*)

Enfin, messieurs, quand le conseil d'État allègue, pour repousser les décrets qui lui sont présentés, que ces centimes sont un déguisement de la taxe des pauvres, il commet une erreur manifeste, car la taxe des pauvres, partout où elle fonctionne, en Angleterre comme en Allemagne, est une taxe obligatoire, et il s'agit ici d'une taxe facultative. Ce n'est pas, en effet, l'assistance obligatoire que nous demandons, — l'exemple des pays voisins nous en montre les inconvénients ; — c'est la liberté de l'assistance facultative.

Nous demandons simplement que les communes qui veulent organiser cette assistance chez elles soient libres de le faire ; ce que je réclame, c'est purement et simplement la liberté de la bienfaisance pour les communes et les municipalités. (*Très bien! très bien!*)

La thèse que je soutiens ici a été défendue au conseil d'État à plusieurs reprises par les représentants du gouvernement. Je demande à M. le ministre des finances de bien vouloir nous faire connaître son sentiment et je recommande mon amendement à la sollicitude généreuse, à l'esprit de justice et de liberté de la Chambre. (*Applaudissements sur divers bancs.*)

**M. le président du conseil,** *ministre des finances.* Je regrette que M. le ministre de l'intérieur n'ait pas pu assister à cette séance, — il est retenu au Sénat, — car c'est lui qui serait appelé à donner en connaissance de de cause un avis sur cet amendement.

Personnellement, je serais plutôt favorable à la proposition, qui n'est pas obligatoire pour les conseils municipaux, qui ouvre simplement une faculté à leur profit; mais il y a peut-être un inconvénient — et j'appelle sur ce point l'attention de M. Joseph Reinach lui-même — à faire cette innovation par un amendement à la loi sur les contributions directes.

En tous cas, je suis obligé de réserver l'avis du ministre compétent, qui est le ministre de l'intérieur. (*Très bien! très bien!*)

**M. Joseph Reinach.** Je conviens volontiers avec

M. le président du conseil que ma disposition additionnelle sera mieux à sa place dans la loi de finances; je la retire donc, quitte à la reprendre à la rentrée d'octobre, d'accord avec lui, comme amendement à cette loi. (*Très bien! très bien!*)

# LETTRE DE M. D'HAUSSONVILLE.

(Journal *le Soleil*, n° du 19 juillet 1895.)

*A M. Joseph Reinach, député des Basses-Alpes.*

Monsieur le député,

Dans la séance du 9 juillet dernier, vous avez déposé une proposition donnant aux conseils municipaux « le droit de voter, en addition au principal des quatre contributions directes, des centimes spéciaux dont le maximum serait fixé à cinq et qui auraient pour objet la création ou l'entretien des bureaux de bienfaisance ». Au cours des quelques observations que vous avez présentées à l'appui de cette proposition, vous avez bien voulu dire que l'idée s'en trouvait également dans un gros volume que j'ai commis au commencement de l'année ; *Socialisme et Charité*, et vous avez même adopté la dénomination, un peu bizarre en matière d'impôt, grâce à laquelle j'avais cru pouvoir faire accepter plus facilement cette charge nouvelle : *le centime charitable.*

Je ne saurais donc communiquer à personne plus naturellement qu'à vous les quelques observations que votre proposition suggère.

Pas n'est besoin de vous dire que si je prends la plume, ce n'est pas pour combattre cette proposition, mais seulement pour indiquer sur quels points et comment elle devrait être, suivant moi, élargie et complétée.

Prenant la parole devant des collègues pressés de partir en vacances, vous vous êtes avec raison proposé par dessus tout d'être court; sans quoi vous auriez pu

16

motiver votre proposition plus fortement encore que vous ne l'avez fait. Vous appuyant sur les statistiques de 1874 et de 1884, vous auriez pu, pièces en main, démontrer que rien n'est anormal, irrégulier, capricieux comme l'organisation des bureaux de bienfaisance.

Il y a (chiffres ronds) en France 36,000 communes et seulement 15,000 bureaux de bienfaisance. Sans doute, il n'est pas nécessaire qu'il y ait autant de bureaux de bienfaisance que de communes. Mais pourquoi telle petite commune a-t-elle un bureau, tandis que tel chef-lieu d'arrondissement n'en a pas ?

Ces anomalies ne sont rien, au reste, auprès de la différence qui existe entre la fortune de ces différents bureaux. Les ressources dont ils disposent ne sont en aucune façon proportionnelles à la population ni à la richesse des villes où ils sont institués, pas plus qu'à l'étendue des misères qu'ils ont à secourir. Pour prendre deux exemples, les bureaux de bienfaisance de La Rochelle et de Versailles qui, au point de vue de leurs ressources financières, sont deux villes assez peu riches, mais où il n'y a pas non plus beaucoup de pauvres, disposent de ressources plus considérables (254,457 La Rochelle, 465,331 Versailles) que le Havre et Marseille, qui sont deux villes autrement peuplées, autrement riches, mais où il y a bien plus d'indigents à secourir (1).

Ces disproportions prennent une forme plus sensible encore si l'on compare non pas la fortune globale des bureaux de bienfaisance, mais le rapport entre le

_______

(1) Ces chiffres sont tirés de statistiques ayant quelques années de date. Il est possible qu'ils ne soient plus tout à fait exacts, mais il serait facile d'en trouver de plus récents et tout aussi frappants. Lire, sur la fortune des bureaux de bienfaisance, deux très intéressants articles de M. Hubert Valleroux, dans l'*Économiste français*, des 15 décembre 1888 et janvier 1889.

chiffre des secours alloués et celui des habitants. C'est ainsi qu'une petite commune de l'Ardèche, dont le bureau de bienfaisance a 54 francs de revenu, n'a pu distribuer que 50 centimes par pauvre. Au contraire, une petite commune du département de l'Hérault a réparti 6,319 francs entre 281 inscrits sur un peu plus de 700 habitants. Elle fait de presque tous ses habitants des indigents et de ces indigents des petits rentiers.

Vous auriez pu, par ces exemples topiques, montrer la nécessité qui s'impose de mettre un peu d'ordre et de régularité dans cette incohérence, mais je me félicite avec vous que l'accueil de bon augure fait par la Chambre aux observations que vous avez présentées ait rendu cette argumentation superflue.

Vous avez fait sagement, je crois, de laisser à ce centime nouveau son caractère facultatif et de ne pas prévoir, comme j'avais cru devoir le faire, les cas exceptionnels où il pourrait être rendu obligatoire. Je n'insiste pas, sur cette hypothèse; mais comme la proposition faite par moi avait ému, en son temps, certains esprits libéraux, et comme je tiendrais beaucoup à passer pour un esprit libéral, je voudrais profiter de cette occasion pour l'expliquer.

Il y a en matière de charité publique certaines mesures qui me paraissent obligatoires, quand la charité privée n'y a pas pourvu. Je n'admettrai jamais par exemple que, dans une ville disposant de certaines ressources, un homme n'ayant pas de famille puisse mourir sur un grabat d'une maladie contagieuse, ou un passager se casser la jambe dans la rue, sans qu'il y ait un hôpital où l'on puisse transporter l'un ou l'autre. Et si la ville que je suppose ainsi destituée de tous secours médicaux se refusait à y pourvoir, je ne verrais rien d'antilibéral à ce qu'un arrêté du préfet pût l'y obliger. C'est presque une question d'hygiène et de voierie.

J'ajoute que le correctif devrait être, en cas d'imposition arbitraire du préfet, le recours devant le Conseil d'État dont la juridiction présente, en matière purement administrative, certaines garanties d'impartialité. Mais, encore une fois, vous avez bien fait de ne pas compliquer votre proposition de cette addition peut-être inutile. Vous pourrez plus aisément repousser l'assimilation qu'on ne manquera pas d'établir entre votre système et la taxe des pauvres anglaise.

Il ne faudrait pas, au reste, vous effrayer outre mesure de cette assimilation, car ceux-là mêmes, qui sont opposés au système anglais (sous certains rapports, je suis du nombre) sont obligés de reconnaître comme votre collègue M. Chevalier, dans son ouvrage si remarquable sur la *Loi des pauvres et la société anglaise*, que sur plus d'un point ce système produit de très bons résultats.

Mais je veux laisser de côté ces questions générales pour m'en tenir à la proposition spéciale d'un centime charitable facultatif. Je considérerais déjà comme un résultat très heureux qu'une pareille proposition fut adoptée par une Assemblée française. Ce serait la consécration de cette idée, profondément vraie suivant moi, que pour remédier, même par voie législative, aux misères sociales, il faut, plutôt que de poursuivre, suivant une formule assez vague, un peu plus de justice, essayer d'un peu plus de charité.

En revanche, pour répondre aux objections que votre proposition ne manquera pas de soulever quand elle reviendra en discussion à la rentrée, il y aurait lieu, je crois, de la compléter sur deux points.

Voici, en effet, ce qu'à droite et au centre on vous dira : « Qu'allez-vous faire? Dans un certain nombre de grandes villes, et dans un grand nombre de petites communes, le pouvoir est aux mains des radicaux ou des socialistes. Les conseillers municipaux ne

payent point de contributions. Ainsi surchargent-ils
d'impôts les malheureux habitants, et ils gaspillent ou
dilapident le produit de ces impôts. Vous voulez encore
ajouter à ces impositions, à ce gaspillage, en mettant à
la disposition des municipalités radicales ou socialistes
des fonds dont la meilleure part passera à leurs amis.
Ce sera, dans un trop grand nombre de communes,
la ruine certaine et la corruption organisée. »

L'objection est juste ; elle n'est pas sans réponse.
Pour y parer, il n'y aurait qu'à remettre en vigueur une
disposition de notre ancienne législation municipale. La
loi du 18 juillet 1833 avait fort sagement disposé (art. 42),
que toutes les fois qu'il s'agirait de contributions
extraordinaires ou d'emprunts, les plus imposés aux
rôles de la commune seraient appelés à délibérer avec
le conseil municipal en nombre égal aux conseillers
en exercice.

En avril 1882, M. Goblet étant ministre, et M. de
Marcère rapporteur (en ce printemps le centre gauche
et l'extrème gauche marchaient la main dans la main),
cette disposition fut abrogée par 412 voix contre 78, et
l'abrogation de cette disposition tutélaire des finances
municipales fut ratifiée par le Sénat, malgré l'éloquente
opposition de M. Bocher. Il n'y aurait qu'à remettre en
vigueur l'article 43 de la loi du 22 juillet 1837, en
limitant, si l'on veut ne pas compliquer la question,
l'adjonction des plus imposés au vote du centime
charitable. Ce serait une précaution nécessaire contre
ce danger, dont je ne méconnais pas la gravité, de voir
les contribuables aisés surchargés par le vote de
conseillers non imposés.

Quant à la dissipation du trésor charitable de la
commune par des mains indignes, pour la prévenir, il
faudrait compléter votre proposition par un ensemble
de mesures, les unes législatives, les autres administratives, que je vous demande la permission de vous

indiquer. Je vais toucher à une question grave, mais je serais étonné si, ici encore, nous n'étions pas d'accord.

La loi du 21 mai 1873 réglait ainsi la composition des bureaux de bienfaisance : cinq membres nommés par le préfet, le maire et le plus ancien curé de la commune. Ce fut à la suite d'un discours de Mgr Dupanloup que l'adjonction du curé fut votée, et je me souviens encore de l'impression que produisit son éloquence lorsqu'il demanda que, de droit, une place fut faite au ministre de Celui qui, le premier, avait eu pitié de la foule. Mais, depuis lors, est intervenue la loi du 5 août 1879, M. de Marcère étant cette fois ministre et M. Plessier, de l'extrême-gauche, rapporteur, Le curé a été rayé comme membre de droit, et remplacé par deux membres nommés par le conseil municipal. Ce n'est pas tout : le personnel des bureaux de bienfaisance a été remanié dans le plus grand nombre des communes, et, comme c'était le beau temps de la politique du : *le cléricalisme, voilà l'ennemi!* des hommes qui avaient vieilli dans l'exercice de la charité, qui exerçaient depuis longtemps l'office délicat d'administrateurs et de visiteurs avec désintéressement et sagacité, ont été exclus à cause de leurs convictions catholiques, et remplacés trop souvent par des hommes animés de passions sectaires.

Aussi qu'est-il arrivé? C'est que, dans maintes localités, les questions religieuses et politiques ont pris le pas, dans la distribution des secours, sur la question charitable. Ici les enfants qui fréquentaient les écoles congréganistes n'ont pas été admis à la distribution de vêtements chauds qui, dans beaucoup de villes, s'opère au 1er janvier. Là, une famille n'a pu obtenir de secours que sous la promesse qu'elle n'enverrait pas la fille ou le garçon au catéchisme. Là encore l'allocation qu'elle avait coutume de recevoir lui a été retirée, parce que le père était soupçonné d'avoir voté pour le candidat

réactionnaire. Trop heureux encore les pauvres quand
l'argent qui leur était destiné n'a pas été gaspillé et
n'a pas servi aux plaisirs d'administrateurs peu scrupu-
leux. En un mot, depuis quinze ans, l'arbitraire et le
désordre ont été introduits dans un trop grand nombre
de bureaux de bienfaisance. Il faut porter remède à
tout cela et mettre un terme à ces pratiques que, j'en
suis certain, vous réprouvez autant que moi.

Si l'argent des pauvres doit désormais sortir obligatoirement de la poche de tous les contribuables, qu'il
soit distribué par une autorité représentant tous les
contribuables. Comment y parvenir? Je me permettrai
de vous signaler deux moyens.

Le premier serait de remettre en vigueur la loi du
21 mai 1873 sur la composition des bureaux de bienfaisance. Je voudrais même que cette loi fut encore
élargie, et que non seulement le curé fut membre de
droit du bureau de bienfaisance, mais encore, dans les
villes où il y aurait une église réformée et une syna-
gogue, le pasteur et le rabbin. Dans ce cas assez fréquent,
il serait cependant naturel d'adjoindre comme membre
de droit, le président du conseil de fabrique de la
paroisse la plus importante, pour que les représentants
de trois cultes dont les sectateurs sont en nombre si
inégal, ne soient pas mis sur un pied d'égalité contraire
à la réalité des choses.

Mais cette disposition législative, qu'il serait facile
d'ajouter à votre proposition, ne suffirait pas. Il faudrait
avoir recours à un remède encore plus efficace et
modifier le recrutement des administrateurs des
bureaux de bienfaisance. La désignation de deux
membres par le Conseil municipal (le maire restant
bien entendu président de droit) devrait être supprimée.
Elle ne fait qu'introduire la politique dans les bureaux
de la bienfaisance. Mais comment nommer les administrateurs?

En Angleterre, depuis la loi toute récente du 5 mars 1894, les *Boards of guardians* qui ont, entre autres attributions multiples, la gestion des fonds provenant de la taxe des pauvres, sont nommés par le suffrage des électeurs de la paroisse. Les femmes sont non seulement électeurs, mais éligibles. Il y en a quarante-quatre, à l'heure qu'il est, qui font partie des *Boards of guardians*, dont 14 pour Londres et 5 pour Birmingham (1). Leur présence y a eu les meilleurs effets.

Je n'oserai cependant conseiller ce système en France, même en conférant aux femmes, dans ce cas spécial, l'électorat et l'éligibilité. Ce serait à mes yeux un grand progrès, car, sur ce point de la situation légale faite aux femmes, j'ai, tout réactionnaire que je passe probablement pour être, des opinions très avancées; mais je craindrais que, dans l'élection des administrateurs du bureau de bienfaisance, les querelles politiques ou confessionnelles ne continuassent à jouer un trop grand rôle. Je ne vois donc à l'esprit sectaire qui anime, non pas heureusement tous les bureaux de bienfaisance, mais un trop grand nombre, d'autre remède que celui-ci : la nomination faite par le préfet, mais dans un esprit tout différent de celui où les nominations sont faites aujourd'hui.

J'ai dit dans un esprit tout différent. Peut-être y a-t-il quelque naïveté de ma part à demander qu'il en soit ainsi; voici ce que j'entends.

Il ne me paraît pas juste, il ne me paraît même pas sage que pour être demeurés ostensiblement attachés à la vieille religion de la France, ou même à sa vieille forme de gouvernement, un certain nombre de citoyens soient exclus de la vie administrative et charitable de leurs pays;

_________

(1) Je ne puis que renvoyer, sur toutes les questions concernant la loi des pauvres en Angleterre, à l'excellent ouvrage de M. Chevalier.

que non seulement ils ne puissent faire partie de corps
importants, tels que le conseil supérieur de l'Assistance
publique ou le conseil supérieur des prisons (j'ai été exclu
il y a quinze ans du conseil supérieur des prisons et
j'ai encore cela sur le cœur), mais d'une simple commission d'inspection du travail des manufactures, ou
d'un modeste bureau de bienfaisance. Il ne me paraît
ni juste ni sage qu'ils soient traités dans leur patrie
comme des parias, que, suivant l'ancienne expression
du droit romain, on leur refuse l'eau et le feu, et qu'on
les réduise, malgré eux, au rôle d'émigrés à l'intérieur.
Je n'imagine pas de plus sûr moyen de les pousser à
une opposition sytématique, violente, factieuse.

Il a été, depuis deux ou trois ans, beaucoup parlé
d'apaisement. En matière purement politique, je n'y
crois guère; j'aurais même la franchise de dire que je ne
le désire pas si apaisement implique reniement. Mais
en matière charitable, ne serait-il pas possible que
tous ceux qui ont à cœur le soulagement de la souffrance humaine s'entendissent pour faire ensemble
ce que Lacordaire appelait d'une jolie expression : le
petit bien de chaque jour. Je vous connais assez, Monsieur le député, et d'assez longue date pour être certain
que vous seriez heureux de voir l'apaisement se produire
sous cette forme. Je n'en veux pour preuve qu'un vigou-
reux article que vous avez publié dans le *Matin*, contre
l'odieuse loi d'accroissement, et qui, croyez-le bien,
n'est pas passé inaperçu. Mais ces choses-là, il ne
suffit pas de les écrire; quand on a le privilège de la
tribune, il faut encore les dire. Dans votre bouche l'effet
en serait sérieux. Si vous proposiez que les ministres des
différents cultes fissent partie de droit des bureaux de
bienfaisance, si vous arrachiez au gouvernement la promesse que les administrateurs de ces bureaux seront
nommés désormais sans considération d'opinions religieuses, et si vous obteniez l'approbation de vos corréli-

gionnaires politiques à cette proposition et à ce langage, vous ne vous feriez pas seulement grand honneur : cette initiative prise par vous contribuerait encore à apaiser certaines passions menaçantes dont je réprouve autant la nature que l'odieuse et brutale expression, mais auxquelles il faut bien convenir que trop de nombreux prétextes ont été fournis. Pareille entreprise serait digne d'un homme de courage et de talent. Laissez-moi espérer qu'elle vous tentera.

Recevez, Monsieur le député, l'assurance de mes sentiments les plus distingués.

C<sup>te</sup> D'HAUSSONVILLE
de l'Académie française.

# TABLE DES MATIÈRES [1]



(1) Les articles qui composent ce recueil ont paru dans le journal *le Matin* et dans la *Revue politique et parlementaire.*

1022-95. — CORBEIL. Imprimerie CRÉTÉ.